KB202703

읽는 기도문을 하나님께...

읽는 기도문을 여러분께...

모든 성경은 하나님의 감동으로 된 것으로 교훈과
책망과 바르게 함과 의로 교육하기에 유익하니

딤후 3:16

---

* "~하겠습니다" "~살겠습니다"는 율법적 맹세가 아닌 믿음의 다짐이요 믿음의 고백입니다. 이렇게 고백함으로써 내 자유의지를 주님께 내어 드리고 천국의 푯대를 향해 나아갈 수 있는 영적인 힘을 키울 수 있습니다.

읽는 기도

성령, 보혈, 대적, 회개, 승리기도
새신자 전도를 위한 영접기도

더하트

모든 민족을 제자로 삼으라고 말씀하신 아버지와 아들과 성령의 이름으로 온전한 기도의 번제를 올려 드립니다. 읽는 기도문 시리즈는 기도가 무엇인지 잘 모르시는 분과 기도를 도무지 어떻게 해야 할지 어려워하시는 분을 위하여 만들어졌습니다. 특별히, 질병과 물질과 사람들로 인한 고난 가운데 있는 하나님의 사람들이 기도문을 가지고 기도하실 때에 기도의 힘을 받아 능히 상황과 환경을 이길 수 있도록 쓰인 기도문입니다. 더 나아가 기도의 깊은 경지에 이르기를 원하시는 모든 이들에게 하늘보좌 앞 금 제단에서 내려오는 축복이 이 기도문을 통하여 임하시기를 기도합니다.

이 기도책은 성경에 기록된 하나님의 말씀을 믿음으로 고백하며 올려 드리는 영의 기도입니다. 예수 그리스도의 마음을 담아 ______성도님께 두 손 모아 안겨 드립니다.

따라서 모든 믿음과 기도의 기준은 성경 말씀을 기준으로 하는 것이 가장 중요합니다. 하나님이 원하시는 뜻대로 기도하고 살아가시는 여러분들이 되시길 바랍니다. 예수님 외에 절대 구원은 없습니다. “나 곧 나는 여호와라 나 외에 구원자가 없느니라” (사43:11) 천국문으로 안내하는 구원의 기준은 예수 그리스도이시며 오직 성경 말씀만이 100%진리입니다. 그러므로 여러분들이 신뢰할 수 있는 가장 확실하고 정확한 말씀을 믿고 기도하는 것이 하나님께서 기뻐하시는 영의 예배요, 거룩한 기도라는 것을 기억하시기 바랍니다.

- 예수님을 사랑하는 기도자가 드립니다 -

이 책은 개인적인 기도문을 기록한 기도책입니다..

이와 같이 성령도 우리의 연약함을 도우시나니 우리는 마땅히 기도할 바를 알지 못하나 오직 성령이 말할 수 없는 탄식으로 우리를 위하여 친히 간구하시느니라

_롬 8:26

이 기도문은 독자로 하여금 가장 기도하기 쉽게 발음의 편의를 고려하여 쓰여졌습니다. 그래서 문법적인 요소를 모든 곳에 적용하지 않았음을 알려드립니다. 말씀이 기도문에 자연스럽게 녹아 있으므로 직접 읽어보시면, 입가에서 기도문장이 자연스럽게 맴돌며 읽혀지실 것입니다. 그 이유는 성령께서 기도의 길을 미리 닦아 놓으시고, 기도의 문이 열리도록 여러분들의 심령에 성령님의 운행이 있으시기 때문입니다. 이미 1년이란 시간 동안

주변에 있는 기도자들이 함께 참여해 본 후 충분한 시간을 놓고 다듬어서 나온 기도문입니다. 따라서, 여러분이 어떤 마음가짐으로 읽어 나가시느냐에 따라 기도의 불이 더 강하게 붙을 수도 있습니다. 마치 며칠을 굶주린 사람이 밥을 먹을 때 늑장부리며 느긋하고 여유롭게 먹지 못하고 오직 밥상 한곳만 쳐다보며 열심히 먹는 것처럼… 사막 한 가운데에서 갈증의 한계치로 쓰러지는 자가 시원한 냉수 한 잔을 마셔도 간절한 마음과 이제는 살 수 있겠다는 생각으로 벌컥 벌컥 물을 마시는 것처럼…

그러나 그리 아니할지라도, 그저, 조금 조금 **소리 내어 한 문장씩 읽어 나가기만 하셔도 기도의 불이 쉽게 붙게 됨을 몸소 경험**하시게 되실 것입니다. 여러분이 실제 체험해 보시고 직접 경험해 보세요!

– 하나님의 마음과 내 마음을 일치시키시는

성령님 감사합니다 –

좁은 문으로 들어가기를 힘쓰라
내가 너희에게 이르노니 들어가기를 구하여도
못하는 자가 많으리라 **_눅 13:24**

차 례

내 집은 만민이 기도하는 집이라

일컬음이 될 것임이라 _사 56:7

하나님이 살아 계시고
성경이 사실인지를
하나씩 상고해 보기

읽는기도
1권

읽는기도
찬양 전곡

하나님의 흔적은

얼마든지

내 주변에서

찾을 수 있었다.

하나님이 살아 계시고 성경이 사실인지를 하나씩 상고해 보기

오직 여호와는 참 하나님이시요 살아 계신 하나님이시요 영원한 왕이시라 _렘 10:10

저는 살면서 이러한 생각을 자주 해왔습니다.

1. 정말 세상이 그냥 만들어졌을까?
2. 사람도 일반 동물처럼 태어나서 살다가 죽으면 진짜 끝일까?
3. 하늘에 있는 태양은 어떻게 계속 빛이 꺼지지 않는 걸까?
4. 눈에 보이는 것이 전부는 아닐텐데 눈에 보이지 않는 세상도 있는 것일까?
5. 세상에는 왜 그렇게 나쁜 사람들이 많은 걸까?

6. 나는 나로 살다가 죽으면 모든 것이 사라지고 없어지는가?
7. 왜 나는 돈을 벌면 계속 벌어야 한다는 압박감이 생기는 걸까?
8. 새 차를 사면 금새 질리고 또 다른 차를 사려고 하는 생각은 왜 드는 것일까?
9. 명문대를 가면 왜 일류대로 가고는 싶지만 지방에 있는 대학으로는 가기가 싫은 걸까?
10. 나에게는 성적 욕구가 없다가도 상황과 조건에 따라 왜 갑자기 생기는 것일까?
11. 왜 유독 사람만 힘들고 어려우면 죽고 싶다는 생각을 하게 될까 동물들도 먹고 살기가 나보다 어려울 때도 많지 않은가?
12. 하늘에는 왜 이렇게 셀 수 없는 별들이 이토록이나 많고 우주는 왜 인간이 정복할 수 없는 미지의 공간인 것인가?
13. 나를 힘들게 하는 사람을 왜 원수 갚고 싶은 생각이 들게 되는 것일까?

14. 나는 무엇 때문에 사람들에게 좋은 사람으로 보이게 하기 위해 말과 행동을 조심해야 하는 것인가?
15. 내가 무엇인가 잘 해내서 자랑하는 것은 자부심이 되는데 남이 자랑하는 소리는 왜 그렇게 듣기가 거북하고 싫은 것일까?
16. 내가 하기 싫은 공부나 일을 안 하면 그만인 것을 왜 꾸역꾸역 하려는 것일까?
17. 사람들은 신이 눈에 안 보인다고 안 믿으면서 정작 눈에 보이지도 않는 마음이 중요하다고는 왜들 말하고 다닐까?
18. 진실을 원하면서도 나는 정작 현실에서는 왜 거짓말을 하고 사는 것일까?
19. 내가 다른 이성을 만나는 것은 미래를 위한 준비가 되지만 정작 내 배우자는 여러 이성들과 경험이 없는 사람이면 좋겠다고 생각하는 이기적인 근원은 무엇일까?
20. 내가 원하던 것을 이루지 못했는데 다른 사

람이 그것을 성공하면 왜 진심으로 축하해 주지 못하는 것일까?

21. 마음에 상처 받으면 우울해지고 왜 굳이 죽고 싶은 생각이 드는 걸까?
22. 왜 유독 죽음만은 두려운 것일까?
23. 남의 것을 훔치면 왜 가슴이 두근거리고 떨리게 되는 것일까?
24. 사람들에게 칭찬 받으면 기분이 좋고 비난 받으면 왜 기분이 나쁜 것일까? 이것도 단순한 나의 감정 문제인가?
25. 내가 죽으면 모든 기억은 사라지고 없어지는가?

지금 이러한 질문을 읽고 계신 분의 생각은 어떠신가요?

공감하시는 것들이 많지는 않으셨는지 여쭤봅니다. 저는 누구보다 종교라는 것을 싫어하는 사람입니다.

이유는 간단합니다. 종교활동하는 시간에 더 노력해서 돈을 벌거나 종교를 의지할 필요가 없다고 생각하기 때문입니다.

하다 못해 저는 교회에 나갔어도 위로가 되지 않았던 사람입니다.

그런 저같은 자가 지금 기도책을 쓰고 있으니 매우 놀란 만한 일이 아닐 수 없었습니다.

사람은 누구나 한 번 태어나서 한 번은 죽게 되는 데 나는 무슨 존재일까를 생각하고는 살지만 딱히 이에 대답할 명확한 정답이 없기 때문에 생각하다가 그만두는 경우가 많습니다.

그러나 저는 이에 대해서 끈질지게 물고 늘어졌습니다.

왜냐하면 하나님이 안 계시면 상관없지만 만약에라도 계신다면 이거는 너무나도 큰 일이라는 것을 알았기 때문입니다.

우리가 알고 있는 일반적으로 말하는 지옥이라

는 곳도 있게 되는 것이니 심각해지지 않을 수 없었습니다.

그리하여 저는 다음과 같이 설정을 하고 움직였습니다.

하나님이 안 계실수도 있다는 전제를 마음 편하게 깔아 놓고는 천국과 지옥을 체험한 사람들을 실제로 찾아서 만나 보는 것이었습니다.

사실 이 분들과 대화하면서 놀랍기도 했으나 적어도 이 사람들의 말만 듣고는 다 믿을 수는 없다고 생각했습니다.

그래서 저는 객관적인 자료를 찾아서 학자처럼 깊이 있게 파고 들었고 열심히 조사해 보았습니다.

말 그대로 눈에 보이지 않는 하나님의 흔적을 하나씩 더듬어가며 찾아보는 과정에 몰입해 보는 것이었습니다.

그 중에 첫 번째로 어느 나라에나 있는 성경책

을 연구해 보았습니다.

가령, 역사적 사건의 유물이나 객관적인 증거가 있는가에 대한 것들을 알아보는 것이지요.

무엇보다 성경에 기록된 '모세가 홍해 바다를 가른 사건'이 머리속에 떠올랐습니다.

과연 이 스토리가 여러분들은 진짜 믿겨지세요?

저는 믿기가 쉽지 않았습니다.

그래서 이리 저리 알아 보았더니 김○학 박사님이 이미 홍해 바다 밑에 있는 병거들의 바퀴와 다양한 고대유물을 발견하여 인터넷에 올려 놓으셨고 그 밖에 성경에 나온 지역과 유물을 탐구하신 후 성경이 사실이라는 증거를 책을 집필하여 명백히 밝혀 주셨습니다.

뿐만 아니라 제가 즐겨하던 과학적 원리가 이미 성경에 다 기록되어 있었고 근대자연과학이 나오기 이전에 성경에서는 미리 과학의 원리를 알려주는 듯이 굵직하게 기록되어 있었습니다.

게다가 내 주변에 있는 것을 찾아 본다면 역사 공부할 때 B.C(Before Christ)로 교과서에 중요한 기준으로 삼는 것과 월화수목금토일 이라는 7일도 피부에 와 닿게 되었습니다.

로마시대의 역사서에도 예수님의 행적이 명확하게 기록되어 있었습니다.

여기까지는 자료와 증명된 역사를 통해 예수님의 흔적을 찾아볼 수 있게 된 것이고 내가 살고 있는 하늘과 땅과 자연물을 깊이 있게 관찰해 보았습니다.

지구의 정교한 시스템은 마치 사람의 몸과도 유사한 원리도 발견하면서 하나님이 사람을 위해 일부러 만들어 놓은 작품처럼 보였습니다.

무엇하나 그냥 있는 것이 아니라 만들어진 목적이 있어 보였고 그 만들어진 창조물로 인해 또 다른 생물들이 연관되어 있으면서도 서로가 서로에게 도움을 주면서 상생하는 원리가 숨겨져 있음을 알게되었습니다.

육지에 있는 식물들과 동물들, 그리고 바다에 있는 생물들이 비슷비슷한 원리에 의해 창조되었음을 얼마든지 알 수 있었습니다.

가령, 물고기를 보세요! 지느러미와 꼬리가 다들 수영하기에 적합하게 만들어지지 않았나요?

하늘을 날아다니는 새들을 보세요.

종류는 달라도 비슷한 모양의 구조와 원리가 보입니다.

하다못해 우리가 파리를 때려 잡기 위해 만든 파리채의 구조는 파리를 잡기 위한 목적이란 것을 파리채를 보면 분명하게 나타나 알 수 있습니다.

자~ 여기까지 보건데 이 글을 읽으시는 분도 하나님이 안 계신것을 증명하여 주장하는 것보다는 하나님이 계신 것을 증명하는 것이 더 논리적이며 자연스럽다는 것을 알게 되셨을 겁니다.

앞 부분에서 제가 생각해 본 25가지의 모든 질문에 대한 대답도 성경 속에 이미 다 기록되어 있었고 정확하게 명시되어 있었습니다.

결론은 제가 성경을 모르고 있었고 성경을 읽으려고 하지도 않았으면서 인생과 삶에 대한 고난의 질문을 엉뚱한 곳에 가서 답을 찾으려니까 내면에 답답함도 생겼던 것이었습니다.

이 작은 종이 위에 일일이 제 경험을 나열하여 설명하려면 제한적 조건이 뒤따르기 때문에 차차 여러분들도 저처럼 한 꺼풀씩 그 의문이 풀리시게 될 것입니다.

그런데요. 한 가지 큰 문제점이 있습니다.

눈에 보이지 않는 그 하나님을 어떻게 무슨 방법으로 만나느냐는 것입니다.

하나님은 눈에 보이지도 않지 어디에 계신지도 모르겠는데 여러분 같으시면 어떻게 하시겠나요? 하나님 아버지께서 우리의 그런 마음을 다 아시고 독생자 예수님을 이 땅에 보내시어 우리에게는 예수님의 이름으로 기도할 수 있는 엄청난 특권을 주셨답니다. 성경말씀을 통해 하나님은 지금도 일하고 계시는데 예수님의 이름으로 기도만 하면 여러분의 마음에 하나님이 친히 하나님의 영이신 성령으로 찾아오시는 것입니다.

그래서 저는 기도라는 단어가 얼마나 중요한 것인지를 알기에 기도하기 어려우신 분들을 위하여 하나님의 말씀으로 기도문으로 만들어 누구나 하나님의 임재를 체험하고 알 수 있도록 편찬해 놓은 것입니다.

그래서 여러분은 읽는 기도책으로 그저 단순히 소리 내어 읽기만 하시면 되는 겁니다.

기도를 이와 같이 참 쉽게 하시면 되는 겁니다.

그저 마음 놓고 편하게 소리내서 읽기만 하시면 하나님의 말씀이 여러분 마음에 있는 참'나'인 영과 성령님이 만나시게 되는 것입니다.

어떠세요? 한 번 시도해 보시고 싶은 마음이 들지 않으세요?

말씀으로 기도하면 기도가 능력이 되어 영원한 것을 얻으실 수 있습니다. 순간을 투자하여 영원한 것을 붙잡을 수 있는 절호의 기회가 여러분에게도 찾아온 것입니다. 그러니까 잡는 자가 주인공이요 믿는 자가 지혜로운 자입니다.

여러분께서는 이 기도책을 가지고 다니시면서 날마다 주님과 동행하시길 축복합니다.

하나님이 우리에게 약속하신 것은 이것이니
곧 영원한 생명이니라 _요일 2:25

너희는 여호와의 책에서 찾아 읽어보라
이것들 가운데서 빠진 것이 하나도 없고
제 짝이 없는 것이 없으리니
이는 여호와의 입이 이를 명령하셨고
그의 영이 이것들을 모으셨음이라

_사 34:16

이는 사람으로 혹 하나님을 더듬어

찾아 발견하게 하려 하심이로되

그는 우리 각 사람에게서

멀리 계시지 아니하도다

_행 17:27

예수님을 마음에 영접하는
세상에서 가장 아름다운 기도문

영접하는 자 곧 그 이름을 믿는 자들에게는 하나님의 자녀가 되는 권세를 주셨으니 _요 1:12

하나님이 하늘과 땅에서 보이는 것들과 보이지 않는 것들을 창조하셨습니다.
지금 저는 내 눈에 보이는 세상과 눈에 보이지 않는 저 천국이 있음을 알게 됩니다.
하나님이 눈에 보이지 않는 공기도 만드시고 태양에서 나오는 다양한 광선도 필요에 맞게 만드셨고 수많은 기체들도 하나님이 기능에 맞게 만드셨습니다.

세상을 보면 만물이 다 원리가 있고 목적에 맞게 만들어졌음을 뒤늦게 알게 되었습니다.

눈에 보이지 않는다고 존재하지 않는 것이 아닌데 저는 눈에 보이는 것만 좇아서 살아왔습니다. 사람이 자동차를 만들어도 그 모양은 다르지만 그 안에 있는 원리는 동일하듯이 고양이과의 동물들을 바라보아도 입과 눈과 귀 주변을 보면 비슷한 특징들이 있음을 보게 됩니다.

그리고 사람이 자동차를 만든 분명한 목적이 있는 것처럼 우리가 하나님의 형상을 닮고 하나님의 창조 능력을 가지고 있기 때문에 그 지혜로 의도적인 계획과 확실한 목적을 가지고 자동차를 만들게 된 것도 알게 되었습니다. 작은 종이 상자 하나를 만들어도 네모난 상자가 나오려면 계획된 전개도가 있기 마련이고 종이상자를 만들어서 필요한 곳에 사용하기 위한 확실한 목적을 가지고 만들게 됩니다.

이제보니 모든 과학적 원리의 지혜라는 것도

하나님의 창조 능력으로부터 나오게 됨을
어렴풋이 알게 되었습니다.
우리는 하나님이 창조하신 숨겨진 과학적 원리를
조금씩 찾아내는 것 뿐이었음을 알게 되었습니다.
살아가면서 사방을 아무리 둘러보아도 하늘에
있는 태양부터 시작하여 모든 것들을 하나님이
의도적인 사랑으로 나를 위하여 만드신 것이
아니라면 이 거대하고 정교한 시스템이 우연히
만들어질 이유가 조금도 없음을 깨닫게 됩니다.
하나님, 이런 사실을 지금이라도 알게 해주시니
너무나 감사드립니다.

이제는 곳곳마다 하나님의 손길이 느껴지고
여기에도 저기에도 창조주 하나님의 흔적을 보게
됩니다.
그리하여 자연스럽게 하나님이 보내 주신 예수
그리스도가 내 마음에서 믿어지게 됩니다.

자연을 보아도 하나님을 알 만한 것들이 창조된 피조물 속에 숨겨져 있음이 이제는 제 마음의 눈에도 보이게 되어 참으로 놀랍기만 합니다. 하나님께서 살아 계신 창조주의 존재를 나에게 나타내 보이시려고 모든 만물을 통하여 보이신 것이 분명하게 보이고 그 진리를 알게 되었습니다.

창세로부터 주님의 보이지 아니하는 것들, 곧 주님의 영원하신 능력과 신성이 주께서 만드신 만물에 분명히 보여 알려졌으니 저는 이제부터 창조주 예수 그리스도를 내 마음에 믿기를 원합니다. 끝까지 자기 고집과 죄에 대한 교만을 가지고 세상을 살아간다면 이제는 하나님의 심판대 앞에서는 절대 핑계하지 못할 것입니다. 예수님이 나의 모든 죄를 사하시고 천국으로 인도하시기 위해 십자가에서 내 모든 죄값을 대신 치르시고 죽으신 후에 성경의 약속대로 삼일만에 부활하신 진리를 내 마음에 믿습니다.

예수님이 나를 위해 죽으시고 장차 천국에 오게 하기 위하여 나를 위해 부활하신 이 진리를 내 마음에 믿고 입으로 시인하여 고백합니다.
주님께서 믿음의 선물을 나에게 주셔서 내 마음에 그리스도를 믿게 하여 주시고 실제로도 올바르게 믿도록 도와주시옵소서.
이제는 보혈의 은혜로 새롭게 마음이 변화되어 거듭난 자로 살기를 원합니다.
지금까지 하나님을 모른채 내 생각과 감정대로 살아온 모든 죄를 회개합니다.
단순히 후회로 그치는 것이 아니라 예수님의 십자가 보혈로 나의 모든 죄가 깨끗이 용서 받기를 원하여 기도합니다.
생각으로 지은 죄를 용서해 주시옵소서.
마음으로 지은 죄를 용서해 주시옵소서.
눈으로 지은 죄를 용서해 주시옵소서.
귀로 지은 죄를 용서해 주시옵소서.
손으로 지은 죄를 용서해 주시옵소서.

발로 지은 죄를 용서해 주시옵소서.
죄인지 모르고 지은 모든 죄와 무의식적으로 지은 죄와 꿈에서 지은 죄도 보혈로 용서해 주시옵소서.
모든 죄를 깨끗이 용서 받아 예수님의 생명책에 내 이름이 기록되기를 간절히 간청합니다.
지옥 갈 나를 십자가의 은혜로 구원해 주신 예수님께 빚진자로 살고 싶습니다.
주님이 나를 도우시고 모든 죄의 구덩이에 빠지지 않도록 도와주시옵소서.
예수님의 모든 행적은 역사서에서도 굵직하고 선명하게 기록되어 있고 전세계 모든 역사를 기준하는 B.C는 Before Christ의 줄임말로 모든 사람들이 직접 눈으로 보고 예수님의 십자가와 부활의 사건을 진리 가운데 알게 하셨습니다.
저는 이제 부활의 자녀로서 하나님의 자녀됨을 믿고 선포합니다.

예수님을 믿으면 이제 나도 주님처럼 부활의 몸을

입을 수 있음을 믿습니다.
저는 지금부터 이 진리를 성경말씀을 통해 하나씩 알아가고자 합니다.
어떻게 하면 주님과 함께하는 기도를 하게 되는지 어떻게 살면 주님과 함께 살아가는 삶을 살아가는지를 한 걸음씩 걸어 나아가기를 원합니다.

하나님이 내 생각을 다스려 주시고 하나님이 내 마음에 오셔서 조금씩 깨닫게 해주시고 알게 해주시옵소서.
예수님, 이제 내 마음에 주님이 오셨으니 내 삶의 주인이 되어 주시고 나를 영원한 천국으로 이끌어 주시옵소서.
조금씩 나아가겠습니다.
한 걸음씩 나아가겠습니다.
시간이 지나갈수록 지금 이 첫 마음을 잃지 않고 성장하게 하여 주시옵소서.

자라나게 하여 주시옵소서.

세상에 마음이 빼앗기지 않게 도와주시옵소서.
세상에서 먹고 살려면 돈을 벌어야 하고 사람들을
만나야 하는데 그 속에서 상처받고 실망하다가
예수 그리스도의 진리를 놓치지 않기를 원합니다.
나는 죄를 이기지 못하고 세상을 이기지 못하지만
내 마음에 계신 하나님이 할 수 있는 하늘의 힘을
주시고 천국으로 꼭 이끌어 주시길 원합니다.
예수님을 놓치지 않겠습니다.

멀뚱히 있다가 진리의 기억이 흐려지지 않게
하겠습니다.
끝까지 말씀대로 작은 것부터 순종하며 살아내서
하나님께 칭찬 받는 자로 서기를 간구합니다.
예수 그리스도의 보혈이 내 생각과 마음에서
영원히 마르지 않게 도와주시옵소서.
오늘 예수님의 권세로 구원 받은 이 감동을 잊지

않고 이 감격을 세상으로부터 빼앗기지 않도록
도와 주시기를 간청합니다.

예수님을 믿습니다.
예수님이 천국길이십니다.
예수님이 진리이십니다.
예수님이 부활이요 생명이시니 예수님을 믿는
자는 죽어도 살겠고
살아서 예수님을 믿는 자는 영원히 죽지 않을 것을
내 마음에 믿.습.니.다.

감사합니다.
고맙습니다.
존경합니다.
사랑합니다.
이 모든 기도를 나를 위해 십자가에서 죽으시고
부활하신 나의 주 예수님의 이름으로 간절히 기도
올려 드립니다. 아멘.

무엇이든지 속된 것이나 가증한 일 또는 거짓말하는 자는 결코 그리로 들어가지 못하되 오직 어린 양의 생명책에 기록된 자들만 들어가리라 _계 21:27

누구든지 생명책에 기록되지 못한 자는 불못에 던져지더라 _계 20:15

그 어린 아이들을 안고 그들 위에 안수하시고 축복하시니라 _막 10:16

성 령 기 도

성령이 친히 우리의 영과 더불어 우리가 하나님의
자녀인 것을 증언하시나니 _롬 8:16
모두 한 성령을 마시게 하셨느니라 _고전 12:13

하나님의 말씀이 내게 가까워 내 입술에 있기를 원합니다.
하나님이 내 입술에 주시는 말씀을 선포합니다.
선포되는 말씀마다 그대로 이루어 주실 줄 믿습니다.
진리의 말씀이 내 입술에 있습니다.

제단에서 핀 숯을 내 입술에 대어 주시옵소서.
말씀과 성령이 함께 일하시는 하나님, 지금 내 심령에 오시옵소서.

내 속에서 말씀하시는 분은 아버지의 성령이심을 믿습니다.

성령님이 나의 연약함을 도우셔서 마땅히 기도할 바를 알지 못하나 오직 성령이 말할 수 없는 탄식으로 나를 위해 간구하여 주시옵소서.
나는 성령으로 세례를 받아 한 몸이 되었고 주님이 한 성령을 마시게 하셨습니다.
하나님의 성령이 내 안에 계신 것을 믿습니다.
예수님이 성령으로 기뻐하신 것처럼 내 영도 성령으로 기뻐하기를 원합니다.

성령 안에서 성령님을 의지하여 기도합니다.
성령님의 인도에 따라 성령님이 이끄시는 기도가 되게 하여 주시옵소서.
성령님이 주인 되시고 성령님이 지배하시는 성령의 기도가 되게 하여 주시옵소서.
성령님이 주장하시는 기도로 성령님이 원하시고

성령님의 뜻대로 마음껏 일하여 주시옵소서.
오직 성령이 내게 임하여 권능을 받고 예수님의 증인이 되어 살기를 원합니다.
보좌의 제단으로부터 임하는 성령의 불이 임하게 하여 주시옵소서.
성령님 내 마음과 생각을 열어 드립니다.
성령 받기를 기도합니다.
하늘로부터 임하는 진리의 성령님이 내 안에 임재하여 주시옵소서.
성령님이 임하셔서 내 생각과 마음을 가져가 주시옵소서.
성령님께 맡깁니다.
성령의 마음을 허락해 주시옵소서.
성령을 의지하여 기도합니다.
성령의 기름을 부어 주시옵소서.

성령님이 운행하시는 그 자리에 나도 있게 하여 주시옵소서.

성령께서 내 마음에 중심이 되어 기도합니다.
성령께서 나의 마음을 아시니 친히 간구하여
주시옵소서.
성령님이 하나님의 뜻대로 나를 위해 간구하여
주시옵소서.
성령님이 탄식하여 주시옵소서.
성령님이 중보하여 주시옵소서.
성령님이 주인되어 주시옵소서.
성령의 힘으로 내 몸의 행실을 다스리고 살기를
원합니다.
성령의 옷을 입혀 주시옵소서.
성령과 믿음이 충만하게 하여 주시옵소서.
성령의 불로 덧입기를 간절히 소원합니다.
성령께서 간구하시는 기도의 향기가 하늘에 닿게
하여 주시옵소서.

성령님 내 심령에 임하여 주시옵소서.
오늘 하루를 성령으로 시작합니다.

성령의 불이 내 마음에 임하여 주시옵소서.
성령의 불이 내 생각에 임하여 주시옵소서.
성령의 불이 내 영혼에 임하여 주시옵소서.
성령의 불로 불로 불로 강력하게 임재하여
주시옵소서.
내 마음밭에 성령의 뿌리가 내려져서 성령의
열매를 맺게 하여 주시옵소서.

성령을 믿음으로 마십니다.
생명수가 되게 하여 주시옵소서.
기도의 능력이 되게 하여 주시옵소서.
사랑의 능력이 되게 하여 주시옵소서.
성령의 불이 내 고집에 임하여 주시옵소서.
성령의 불이 내 교만에 임하여 주시옵소서.
성령의 불이 자기의에 임해주셔서 나는 없고
말씀으로 살기를 원합니다.
성령의 불이 구부러진 내 입술에 임하여
주시옵소서.

성령의 불이 구부러진 내 생각에 임하여
주시옵소서.
성령의 불이 구부러진 내 마음에 임하여
주시옵소서.
성령의 불이 안목의 정욕에 임하기를 원합니다.
성령의 불이 육신의 정욕에 임하기를 원합니다.
성령의 불이 이생의 자랑에 임하기를 원합니다.
성령의 불이 거짓된 내 입과 혀에 임하기를
간구합니다.

성령께서 기도의 능력이 되게 하옵시고 성령께서
기도의 간구가 되게 하여 주시옵소서.
하나님 오늘도 성령의 힘으로 성령의 능력으로
살기를 원합니다.
성령의 기도가 온유와 겸손이 되게 하여
주시옵소서.
성령의 기쁨으로 말씀을 받아 주를 본받는 자가
되기를 간구합니다.

성령의 불로 불로 불로 강력하게 임재하여
주시옵소서.
성령의 생명수를 내 영이 믿음으로 마십니다.
내 배에서 생수의 강이 흘러넘치게 하여
주시옵소서.
성령을 성령을 간구합니다.

성령으로 기도할수록 내 속사람이 빛나는 영체가
되게 하여 주시옵소서.
성령을 의지할수록 내 영은 더욱 강해지고
강건해짐을 믿습니다.
기쁨과 성령이 충만하게 하여 주시옵소서.
성령이 내 마음에 임하여 주시옵소서.
성령이 내 심령에 임하여 주시옵소서
성령이 내 생각에 임하여 주시옵소서.
성령이 내 영혼에 임하여 주시옵소서.
성령님을 환영합니다.
성령님을 내 마음에 초대합니다.

지금 내 마음에 오셔서 말씀해 주시옵소서.
주의 보혈로 깨끗하게 하시고 성령의 능력으로 새롭게 하여 주시옵소서.

성령님 내 마음을 잡아 주시옵소서.
성령님 내 마음에 오셔서 내 영을 새롭게 만져 주시옵소서.
성령님 내 생각을 잡아 주시옵소서.
성령님 내 감정을 잡아 주시옵소서.
성령께서 내 생각과 감정을 다스려 주시옵소서.
성령의 감동을 허락하여 주시옵소서.
보좌로부터 임하는 성령의 불이 나에게 임하기를 간절히 원합니다.
성령께서 나의 연약함을 도와주시옵소서.
성령님이 내 염려에 임하여 주시옵소서.
성령님이 내 구주 예수 그리스도로 말미암아 복음과 진리가 되게 하여 주시옵소서.
영원하신 성령님께서 내 양심을 죽은 행실에서

깨끗하게 하시고 살아계신 하나님을 섬기게 하여
주시옵소서.
성령님의 거룩하게 하심과 순종케하심으로 그의
나라와 의를 이루게 하시기를 소망합니다.
성령의 불이 내 마음을 치료하여 주시옵소서.
성령의 불이 내 생각을 치료하여 주시옵소서.
성령의 불이 내 상처를 치료하여 주시옵소서.

증거하시는 분은 성령이시니 성령은
진리이십니다.
지극히 거룩한 믿음 위에 자기를 건축하여
성령으로 기도하게 하여 주시옵소서.
성령의 불, 성령의 불, 말씀의 불, 말씀의 불을
원합니다.
믿음으로 간구합니다.
하나님의 영을 부어 주시옵소서.
소망으로 간구합니다.
회개의 영을 부어 주시옵소서.

내 마음을 다해 성령을 간구합니다.
귀 있는 자가 되어 성령이 저에게 하시는 말씀을 듣게 하여 주시옵소서.
위에서부터 성령을 부어주셔서 메마른 마음이 아름다운 생명의 밭이 되게 하여 주시옵소서.

성령님 안에서 거룩하게 되어 성령의 능력으로 역사하여 주시고 여호와의 영광이 내 마음성전에 가득하게 하여 주시옵소서.
성령님 임재해 주시옵소서.
성령님의 의지대로 살게 해주시옵소서.
성령님께서 친히 나의 영과 더불어 내가 하나님의 자녀인 것을 증거하여 주시옵소서.
성령님이 주인 되시니 이 기도는 땅에 떨어지지 않습니다.
성령님께서 심는 기도가 되어 하늘에 영광이 되고 하나님이 기뻐하시는 기도가 됩니다.

성령님이 기도하시니 이 기도는 하늘에 상달됩니다.
성령님이 기도를 시작하셨으니 성령님이 이 기도를 이끌어 주시옵소서.
성령님이 친히 기도의 보증이 되게 하여 주시옵소서.
성령님께서 기도하게 하여 주시옵소서.
성령님께서 나의 입술을 대신하여 주시옵소서.
내 안에 계신 성령님으로 아름다운 것을 지키게 하여 주시옵소서.

살아계신 하나님을 믿으니 산 소망이 되게 하여 주시옵소서.
살아계신 하나님을 믿으니 산 믿음이 되게 하여 주시옵소서.
진리의 성령을 내려 주셔서 하나님의 뜻대로 기도하게 하여 주시옵소서.
믿음으로 성령을 간구합니다.

하나님께서 약속하신 성령을 간구합니다.
성령님 임재해 주시옵소서.
성령을 위해 심고 성령으로 영생을 거두게 하여 주시옵소서.
고난과 어려움 속에서도 복음을 전하고 영적 싸움을 하며 전진하고 전진하게 하여 주시옵소서.

성령님 오셔서 내 삶을 다스려 주시옵소서.
나의 죄를 인정하고 고백합니다.
회개의 영을 부어 주시옵소서.
성령께서 친히 탄식하시며 회개하게 하여 주시옵소서.
죄에서 자유하게 하여 주시옵소서.
성령의 불로 모든 죄를 태워 주시옵소서.
성령님 죄를 이길 수 있는 힘을 주시옵소서.
성령님 죄를 다스릴 수 있는 능력을 주시옵소서.
성령의 뜻대로 기도하고 성령의 뜻대로 말하고 성령의 뜻대로 살게 하여 주시옵소서.

하나님의 뜻대로 행하기를 원합니다.

성령의 약속을 받아 성령의 힘으로 믿음을 좇아

의와 소망을 기다립니다.

성령으로 충만하게 하여 주시옵소서.

성령으로 다스려 주시옵소서.

성령님께서 이끄시는 기도에 경건을 이루게 하여

주시옵소서.

거룩과 경건의 제단을 만들어 주시옵소서.

성령으로 행하여 육체의 욕심을 이루지 않게 하여

주시옵소서.

하늘의 불을 내려 주시옵소서.

성령으로 살고 성령으로 행하게 하여 주시옵소서.

성령으로 날마다 기도합니다.

성령으로 순종합니다.

인애와 진리가 되게 하여 주시옵소서.

성령으로 겸손합니다.

의와 화평이 되게 하여 주시옵소서.
성령으로 온유합니다.
성령으로 기뻐하고 성령으로 살게 하여
주시옵소서.

기도로 성령님과 동행하기를 원합니다.
성령님과 함께 기도하고 성령님과 만나는 기도가
되게 하여 주시옵소서.
성령을 성령을 간구합니다.
주의 성령이 내게 임하여 주시옵소서.
성령께서 나를 가르치시고 진리의 성령이 모든
진리 가운데 인도하여 주시옵소서.
성령이 충만하여 담대히 말씀을 전하게 하여
주시옵소서.
불의 사람이 되게 하여 주시옵소서.

영의 사람이 되게 하여 주시옵소서.
성령으로 살게 하여 주시옵소서.

느리게 가도 정직하게 살고 손해를 보아도 진리 안에 살게 하여 주시옵소서.
내 욕심을 포기하고 하나님의 나라를 세우게 하여 주시옵소서.
성령을 위해 살겠습니다.
내면의 거룩함을 이루어 주시옵소서.
성령님이 주시는 참 만족과 기쁨으로 살기를 원합니다.
성령님이 나의 생명입니다.
성령님이 나의 전부입니다.
오직 성령께서 나에게 임하여 주시옵소서.
나는 죽고 성령으로 살게 해주시옵소서.
감사하는 믿음으로 영적 절정에 이르게 하시고 사랑의 종착지로 나를 인도해 주시옵소서.

성령님이 계신 곳에 기쁨이 있습니다.
성령님이 계신 곳에 소망이 있습니다.
성령님이 계신 곳에 자유가 있습니다.

성령님이 계신 곳에 평강이 있습니다.

성령이 계신 곳에 감사가 있습니다.
좋은 것을 주신다고 약속하신 말씀을 이루어 주시옵소서.
성령을 성령을 간구합니다.
생각나는 말이 없어도 성령으로 내 속을 통찰하시어 심령의 회개를 이루어 주시옵소서.
상한 마음을 고쳐 주시고 깨진 마음을 고쳐 주시옵소서.
모든 두려움과 의심을 성령의 불로 태워 주시옵소서.
죄의 문턱에서 성령의 불바퀴가 되어 거뜬히 통과하게 하여 주시옵소서.
고난이 큰 만큼 하늘의 영광도 큰 것을 기억하여 감사하게 하여 주시옵소서.
성령님 영광 받아 주시옵소서.
성령의 능력 없이는 아무것도 할 수 없습니다.

성령을 부어 주시옵소서.
고난의 잔이 채워질 때 성령님이 영광 받아
주시옵소서.

눈물의 잔을 채웁니다.
고난의 잔을 십자가로 올려 드립니다.
오직 성령의 기도로 돌파하게 하여 주시옵소서.
내 영이 성령으로 세례를 받아 한 몸이 되었고
주님께서 한 성령을 마시게 하셨습니다.
사랑과 용서의 영을 주시옵소서.
성령 안에 있는 의와 평강과 희락을 주시옵소서.
성령을 믿음으로 마십니다.
내가 없는 참 겸손이 되게 하여 주시옵소서.
성령을 믿음으로 마십니다.
온유와 겸손이 되게 하여 주시옵소서.
성령을 믿음으로 마십니다.
팔복의 문이 내 삶에 영광이 되게 하여
주시옵소서.

성령을 믿음으로 마십니다.
인내와 절제가 되게 하여 주시옵소서.
성령을 믿음으로 마십니다.
영생하도록 솟아나는 생명수가 되게 하여 주시옵소서.
이 기도는 성령님이 간구하시는 기도가 되어 보좌에 상달되기를 원합니다.

오직 성령에 매여 살게 하여 주시옵소서.
성령님이 나를 이끄시고 주인 되어 주셔서 나를 가르쳐 주시옵소서.
성령의 불이 내 안에서 기름부음으로 임하기를 원합니다.
주의 영이 나를 들어 올려 성령으로 붙잡힌바 되기를 간구합니다.
여호와의 권능이 힘있게 나를 감동하시고 성령의 권능을 부어 주시옵소서.
오직 성령이 내게 증언하여 결박과 환난이

찾아와도 더욱 굳건해지게 하여 주시옵소서.
그의 의와 복음을 위하여 밤낮 쉬지 않고 영의 기도로 살게 해주시옵소서.
성령에 사로잡힌바 대로 성령으로 살아가기를 원합니다.
보좌의 제단에서 임하시는 성령께 의지하여 예수님의 이름으로 간절히 기도합니다. (아멘)

하나님이 보내신 이는 하나님의 말씀을 하나니
이는 하나님이 성령을 한량 없이 주심이니라 _요3:34

성결의 영으로는 죽은 자들 가운데서 **부활**하사
능력으로 하나님의 아들로 선포되셨으니
곧 우리 주 **예수 그리스도**시니라 _롬 1:4

보혈기도

성령이 거룩하게 하심으로 순종함과
예수 그리스도의 피뿌림을 얻기 위하여 _벧전 1:2

하늘이 하나님의 영광을 선포하고
궁창이 주님의 손으로 하신 일을 나타낼 때에
내 영혼이 주님을 경배하고 소리 높여 찬양합니다.
예수님~ 나는 십자가에서 죽었습니다.
옛 사람과 옛 습성이 죽었습니다.

예수님의 보혈을 내 속사람이 뿌리고 바르고
마십니다.
예수님의 보혈을 내 영혼에 뿌리고 바르고
덮습니다.
예수님의 살을 먹고 예수님의 피를 마시는 자는
영생을 가졌습니다.

예수님의 살을 먹고 예수님의 피를 마시는 자는 주님 안에 거하고 주님도 내 안에 거하게 됨을 믿습니다.
예수님의 보혈을 원합니다.
예수님의 피뿌림이 임하게 하여 주시옵소서.
예수님의 보혈을 의지하여 기도합니다.
보혈의 권세, 보혈의 권능, 보혈의 능력을 간구합니다.

성령으로 거룩하게 하심과 예수님의 피뿌림을 얻게 하여 주시옵소서.
예수님의 피를 내 마음에 뿌립니다.
예수님의 피를 내 심령에 뿌립니다.
예수님의 피를 내 영혼에 뿌립니다.
예수님의 피를 내 생각에 뿌립니다.
예수님의 피를 내 입술에 뿌립니다.
예수님의 피를 내 눈과 귀에 뿌립니다.

성령을 의지하고 예수님의 피를 의지하여 기도합니다.
예수님의 피뿌림이 내 속사람에게 임하여 주시옵소서.
예수님의 피뿌림이 내 교만에 뿌려집니다.
예수님의 피뿌림이 내 자아에 뿌려집니다.
예수님의 피뿌림이 자기의에 뿌려집니다.
예수님의 피뿌림이 내 염려와 근심에 뿌려집니다.
예수님의 피뿌림이 어리석은 의심에 뿌려집니다.
예수님의 피뿌림이 고집스런 불순종에 뿌려집니다.
예수님의 피뿌림이 내 모든 죄에 뿌려집니다.

예수님의 피의 권세로 모든 의심이 사라지고 강한 믿음이 되기를 원합니다.
예수님의 피의 권세로 주님이 원하시는 삶을 살게 해주시옵소서.
예수님의 피뿌림을 얻기 위하여 더욱 힘쓰고 애써

기도합니다.
내 영이 예수님의 피 옷을 입고 있습니다.
예수님의 피 옷을 입고 있는 자는 죄의 틈도 없어지게 됨을 믿습니다.
예수님께 내 자아를 내어 드리면 죄를 이길 수 있습니다.
내 영이 예수님의 피와 살을 믿음으로 먹습니다.
생명의 양식이 되고 생명수가 되게 하여 주시옵소서.
예수님의 피가 나를 살립니다.
예수님의 살이 나를 힘있게 만듭니다.
예수님을 본받아 내 안에 사랑의 성전을 이루게 하여 주시옵소서.
예수님의 피가 내 온몸을 덮습니다.
내 몸을 하나님이 기뻐하시는 거룩한 산 제물로 드립니다.
내가 드리는 영적 예배를 받아 주시옵소서.
예수님의 피가 내 마음을 덮습니다.

내 마음을 드립니다.
예수님의 피가 내 심령을 덮습니다.

내 마음을 새롭게 함으로 변화 받아 하나님의 뜻대로 살게 해주시옵소서.
예수님의 고난의 잔과 보혈의 잔을 믿음으로 마십니다.
인내와 사랑의 잔이 되게 하여 주시옵소서.
주님의 뜻대로 말하고 주님의 뜻대로 기도하게 하여 주시옵소서.
이 기도가 하나님 앞에 기쁨이 되길 원합니다.

예수님의 피가 내 생각을 덮습니다.
십자가와 부활이 전부가 되는 영의 생각을 주시옵소서.
예수님의 피가 내 양심을 덮습니다.
깨끗하고 온전한 양심이 되게 하여 주시옵소서.
예수님의 피가 내 눈을 덮습니다.

보는 죄를 이기게 하여 주시옵소서.
보는 것이 내 생각과 마음에 죄가 되지 않게 하여 주시옵소서.
예수님의 피가 내 귀를 덮습니다.
듣는 죄를 이기게 하여 주시옵소서.
듣는 것이 내 생각과 마음을 사로잡아 죄에 묶이지 않게 해주시옵소서.
예수님의 피가 내 입술을 덮습니다.
말하는 죄를 이기게 하여 주시옵소서.
내 말 한 마디가 말씀의 장식이 되기를 원합니다.
혀의 칼과 혀의 채찍으로 남을 살인하지 않게 하여 주시옵소서.
예수님의 피가 내 손과 발을 덮습니다.
예수님의 손과 발이 되어 섬기며 살게
해주시옵소서.

예수님의 보혈, 예수님의 보혈, 예수님의 피뿌림을 간구합니다.

내 눈의 들보를 먼저 보고 나를 돌아보게 하여
주시옵소서.
겸손한 마음을 주셔서 나의 부족함을 인정하고
살게 하여 주시옵소서.
십자가의 사랑을 믿습니다.
십자가의 사랑을 알게 하여 주시옵소서.
예수님의 부활을 믿습니다.
예수님의 부활이 나의 부활입니다.
예수님의 생명이 나의 생명입니다.
예수님의 사랑이 나의 사랑입니다.
예수님이 지신 고난의 십자가는 장차 내 상급과
면류관이 될 것입니다.
예수님의 눈물은 나의 눈물입니다.

예수님의 고난이 나의 고난이 되게 하소서.
예수님의 복음이 나의 복음이 되게 하소서.
예수님의 기쁨이 나의 기쁨이 되게 하소서.
예수님의 기도가 나의 기도가 되게 하소서.

예수님의 탄식이 나의 탄식이 되게 하소서.
예수님의 삶이 곧 나의 삶이 되게 하여
주시옵소서.

예수님, 예수님, 나의 주님, 내 영혼이 주님을
원합니다.
주님이 내 기도를 받아주시고 나를 만나
주시옵소서.
예수님의 생각이 나의 생각이 되고
예수님의 계획이 나의 계획이 되고
예수님의 마음이 나의 마음이 되기를 원합니다.

예수님의 눈이 나의 눈이 되어 보고
예수님의 귀가 나의 귀가 되어 듣고
예수님의 입술이 나의 입술이 되어 살기를
원합니다.
예수님의 손이 되어 섬기고 예수님의 발이 되어
낮은 자를 섬기게 하여 주시옵소서.

예수님처럼 섬기는 자세로 지배하려 하지 않고 겸손의 겉옷을 입고 주님의 영광에만 주목하게 하여 주시옵소서.
믿음으로 선을 행하여 생명의 부활이 되게 하여 주시옵소서.
믿음이 완성되는 기도를 간구합니다.
내 의지는 하나님의 것입니다.
내 의지는 주님이 주셨습니다.
하나님이 뜻하신 대로 써 주시옵소서.
예수 그리스도, 예수 그리스도, 주님의 삶이 나의 삶이 되기를 간구합니다.
예수님이 나의 주인이십니다.
예수님이 나의 전부가 되게 하여 주시옵소서.
예수님이 생각하신 대로 생각하고 예수님이 사신 대로 살게 하여 주시옵소서.
예수님이 기도하여 주시옵소서.
예수님이 중보하여 주시옵소서.
예수님이 간구하여 주시옵소서.

예수님이 내 마음에 중심이 되어 기도합니다.

예수님의 기도가 되어 하늘에 상달됩니다.
예수님의 기도가 되어 땅에서 열매가 됩니다.
예수님의 기도가 되어 땅에서 소금이 됩니다.
예수님의 기도가 되어 영원한 빛과 상급이 되기를 간구합니다.
예수님의 보혈을 주시옵소서.
예수님이 주시는 보혈의 피를 내 영혼이 마십니다.
예수님의 보혈이 나의 생명이 됩니다.
예수님, 예수님, 내 마음에 오셔서 나를 새롭게 하여 주시옵소서.
예수님의 이름만 있게 하여 주시옵소서.
예수님께서 간구하시는 기도의 향기가 하늘에 닿게 하여 주시옵소서.
기도와 겸손한 생활로 천국에서 큰 영광의 준비가 되게 하여 주시옵소서.
예수님, 예수님, 나의 주님 내 마음에 오시옵소서.

나의 주인이 되어 주셔서 나를 다스려 주시고 나를 간섭해 주시옵소서.

보혈의 능력을 믿습니다. 보혈의 잔을 채워 주시옵소서.
오직 보혈만이 능력이요, 권세입니다.
예수님의 피를 내 상처에 뿌립니다.
예수님의 피를 내 쓴뿌리에 뿌립니다.
상처와 쓴뿌리가 보혈의 권세로 사라지게 해주시옵소서.

예수님의 피의 권세로 상하고 지친 나를 일으켜 세워 주시옵소서.
예수님의 피가 내 영혼을 덮습니다.

예수님의 피의 권세로 내 영혼이 더욱 깨끗해지기를 원합니다.
예수님의 피를 내 모든 삶에 뿌리고 바르고

덮습니다.
가는 곳마다 보는 것마다 듣는 것마다 피의 흔적이
되게 하여 주시옵소서.
어둡고 후미진 내 삶에 보혈의 빛을 비춰
주시옵소서.
죄의 흔적을 완전히 없애고 오직 거룩과 성결한
삶으로 바꿔주시옵소서.

죄를 완전히 이기고 다스리게 하여 주시옵소서.
죄가 나를 원하나 내 지체를 내어 주지 않기를
원합니다.
예수님의 이름으로 승리하기를 원합니다.
예수님의 이름으로 순종하게 하여 주시옵소서.
예수님의 이름으로 죄를 버립니다.

보혈의 권세로 살게 해주시옵소서.
예수님의 겸손을 본받아 겸손의 옷을 입고
순종하며 살겠습니다.

하나님의 뜻을 이루는 기도가 되기를 간구합니다.
부활의 믿음을 가지고 살게 해주시옵소서.
기도로 예수님과 동행하기를 원합니다.

이 기도가 열매가 되고 내 삶에 실상이 되게 하여
주시옵소서.
예수님의 이름으로 고집을 버립니다.
온유해지게 하여 주시옵소서.
예수님의 이름으로 교만을 버립니다.
겸손해지게 하여 주시옵소서.
예수님의 이름으로 거짓을 버립니다.
진실하게 하여 주시옵소서.
예수님의 이름으로 음란을 버립니다.
정결하고 깨끗하게 만들어 주시옵소서.
예수님의 이름으로 세상 욕심을 버립니다.
하늘의 것으로 채워 주시옵소서.

예수님의 피, 예수님의 피를 믿고 의지합니다.

예수님의 이름으로 더러워진 내 마음을 드립니다.
정결한 마음으로 바꿔 주시옵소서.
예수님의 이름으로 세상적인 생각을 내어
드립니다.

영의 생각으로 바꿔 주시옵소서.
예수님의 이름으로 거짓된 양심을 드립니다.
깨끗한 양심으로 바꿔 주시옵소서.

예수님의 이름으로 내 시간을 드립니다.
하늘의 보화가 되게 하여 주시옵소서.
예수님의 이름으로 내 삶을 드립니다.

하늘의 칭찬이 되는 영원한 상급이 되게 하여
주시옵소서.
예수님과 동행하여 매 걸음마다 하늘의 영광이
임하기를 원합니다.

기쁨과 평안을 누리는 거룩한 두려움을
주시옵소서.
그리스도의 심판대가 순수한 기다림이 되게 하여
주시옵소서.
가장 큰 고난과 가장 큰 위험이 있는 곳이 가장
큰 상으로 인도하는 길임을 기억하게 하여
주시옵소서.
더 많은 믿음으로 주님을 더 의지하여 온전한
전진을 하게 하여 주시옵소서.
예수님이 이기시고 부활하신 것을 믿습니다.
승리하는 삶을 살게 하여 주시옵소서.
이기는 자가 되어 이기는 자의 상을 받게 하여
주시옵소서.

예수님이 흘려주신 보혈의 피가 내 속에 있는 죄의
찌꺼기까지 소멸해 주시옵소서.
내 자아는 십자가에서 죽고 보혈의 생명이
살아나기를 간구합니다.

보혈의 권세와 그리스도의 부활을 온전히 믿고
부활의 믿음으로 살기를 원합니다.
보혈의 권세와 성령의 능력이 지성소의 문을
열어내는 자격이 되게 하여 주시옵소서.
그리스도 안에서 보혈의 권세로 살게
해주시옵소서.
예수님의 살을 먹고 예수님의 피를 마시는 자는
주님 안에 거하고 사는 것임을 믿습니다.
예수님의 살을 먹고 주님의 피를 마신 저는 영생을
가졌고 마지막 날에 주님이 저를 다시 살리실
것입니다.
내 죄악을 발로 밟으시고 내 모든 죄를 깊은
바다에 던져주신 예수님의 보혈을 의지하여
예수님 이름으로 기도합니다. (아멘)

예수께서 이르시되 내 살을 먹고 내 피를 마시는 자는
영생을 가졌고 마지막 날에 내가 그를 다시 살리리니
내 살을 먹고 내 피를 마시는 자는 내 안에 거하고
나도 그의 안에 거하나니 _요6:54,56

대적기도

예수께서 말씀으로 귀신들을 쫓아내시고 _마 8:16
내가 너희에게 악한 원수의 모든 능력을 제어할 권능을 주었으니 너희를 해칠 자가 결코 없으리라 _눅 10:19

너희는 하나님께 복종할지어다 마귀를 대적하라
그리하면 너희를 피하리라 하나님을 가까이하라
그리하면 너희를 가까이 하시리라
하나님의 말씀을 선포할 때 주님의 영광을 보게 하여 주시옵소서.
주님의 위대하심을 내 입술로 선포하여 마귀를 대적하겠습니다.

선포되는 말씀마다 능력이 되어 주의 뜻을 이루게 하여 주시옵소서.
이 시간 이 기도를 방해하는 악한 영들아

예수님의 이름으로 결박되고 예수님의 이름으로
떠나가라.
내 기도의 입술을 잡고 있는 미련한 영들아
예수님의 이름으로 결박되고 예수님의 이름으로
떠나가라.
내 생각 속에 숨어있는 악한 영들아
예수님의 이름으로 묶임 받고 예수님의 이름으로
떠나가라.
내 마음을 다루고 있는 악한 영들아
예수님의 이름으로 묶임 받고 예수님의 이름으로
떠나가라.

내 기분과 감정에 있는 연약함의 영들아
예수님의 이름으로 묶임 받고 예수님의 이름으로
떠나갈지어다.
내 생각과 마음을 흔드는 혼란한 영들아
예수님의 이름으로 묶임 받고 예수님의 이름으로
떠나갈지어다.

내 양심을 속이는 거짓의 영들아
예수님의 이름으로 묶임 받고 예수님의 이름으로
떠나갈지어다.
나에게 불안과 반항심을 주는 악한 영들아
예수님의 보혈, 예수님의 피, 성령의 검으로
전멸될지어다.
말씀의 검, 성령의 불칼로 소멸될지어다.
교만을 주는 넘어짐의 영들아 예수님의 이름으로
떠나가라.
고집을 주는 견고한 진들아 예수님의 이름으로
무너져라.
자랑을 주는 헛된 영들아 예수님의 이름으로
떠나가라.

욕심을 주는 이기적인 영들아 예수님의 이름으로
떠나가라.
걱정을 주는 비겁한 영들아 예수님의 이름으로
떠나가라.

자기의를 주는 더러운 영들아 예수님의 이름으로
떠나가라.
세상 쾌락을 주는 즐김의 영들아 예수님의
이름으로 떠나가고 떠나갈지어다.

유혹을 주는 미혹의 영들아 예수님의 이름으로
무너져라.
의기소침을 주는 실망의 영들아 예수님의
이름으로 사라져라.
험담을 주는 비판의 영들아 예수님의 이름으로
끊어져라.
음란을 주는 정욕의 영들아 예수님의 이름으로
무력화될지어다.

질병을 주는 질고의 영들아 예수님의 이름으로
파멸될지어다.
의심을 주는 거짓의 영들아 예수님의 이름으로
차단될지어다.

거짓을 주는 속임의 영들아 예수님의 이름으로 없어질지어다.
불순종을 주는 고집의 영들아 예수님의 이름으로 붕괴될지어다.
죄의 쓴 뿌리들아 죄의 열매들아 예수님의 이름으로 흔적도 없이 사라질지어다.

모든 죄는 예수님의 이름으로 결박 받고 예수님의 이름으로 소멸될지어다.
나는 왕의 자녀가 되어 하늘의 존귀를 가진 영광된 신분임을 선포하노라.
나는 보혈의 피로 구원받아 하늘에 속해 있는 성도임을 믿습니다.

예수 그리스도의 이름으로 악한 영들을 대적합니다.
예수님의 이름이 나에게 권세가 되어 귀신들도 항복하고 떠나갑니다.

예수님의 이름이 선포될 때 마귀가 하늘로부터
번개같이 떨어집니다.
예수님, 예수님, 나의 주님, 마귀를 이길 수 있는
힘을 주시옵소서.
성령님, 성령님 이 모든 악한 영들을 성령의 불로
태워 주시옵소서.
기도의 힘, 기도하는 능력으로 채워 주시옵소서.
원수의 모든 능력을 제어할 권능을 더 크게 부어
주시옵소서.
성령 안에서 나를 해칠 자가 결코 없음을
믿습니다.

성령의 옷을 입혀 주시옵소서.
보혈의 옷을 입혀 주시옵소서.
기도의 옷을 입혀 주시옵소서.
말씀의 옷을 입혀 주시옵소서.
구원의 옷과 세마포를 입혀 주시옵소서.
예수님의 보혈을 의지하고 성령을 의지합니다.

이 기도를 통하여 하늘의 능력을 받고 하나님의 축복을 받게 될 것을 믿습니다.

예수님이 십자가에서 피 흘리심으로 마귀의 머리를 상하게 하셨습니다.
사탄의 머리를 으깨시고 가루처럼 잘게 부숴 놓으셨습니다.
모든 통제권이 하나님께 있사오니 승리의 확신을 가지고 살겠습니다.
마귀는 하나님의 손아래 허락된 것만 할 수 있는 나약한 피조물일 뿐입니다.
그러므로 두려워하지 않고 근심하지 않겠습니다.
예수님이 십자가에서 승리하셨으므로 나도 자녀된 권세로 이길 수 있음을 믿습니다.

하나님을 일 순위로 못하게 만드는 세상의 일들아 예수님의 이름으로 명하노니 영원히 소멸될지어다.
두 마음을 품게 만드는 악한 영들아

예수님의 이름으로 명하노니 즉시 떠나갈지어다.
급한 마음과 조급한 생각을 주는 서두름의 영들아
예수님의 이름으로 떠나가라.
화를 만드는 감정의 영들아 예수님의 이름으로
소멸될지어다.
화내고 다툼을 주는 갈등의 영들아 너희들의
정체를 알고 있다.
예수님의 이름으로 소멸될지어다.
안일한 생각을 주는 나태함의 영들아
예수님의 이름으로 사라질지어다.
열등감을 주는 비교의 영들아 예수님의 이름으로
흩어질지어다.
과거의 상처를 생각나게 하는 상처의 영들아
예수님의 이름으로 떠나갈지어다.
과거의 죄악된 기억을 생각하게 만들어 나에게
자책감을 주는 후회의 영들아
예수님의 이름으로 묶임 받고 예수님의 피권세로
떠나갈지어다.

예수님의 이름으로 명하노니 모든 죄의 눌림에서 해방될지어다.
막혔던 모든 관계가 풀어지고 해결될지어다.
자존심을 붙잡으면 마귀를 붙잡는 것이고 상처를 취하면 마귀를 취하는 것입니다.

외로움을 주는 슬픔의 영들아
예수님의 이름으로 영원히 떠나갈지어다.
거절당해서 온 기분 나쁨의 영들아
예수님의 이름으로 떠나갈지어다.
사사로운 기분을 만드는 감정의 영들아
예수님의 이름 앞에서 사라질지어다.
판단과 정죄를 주는 참소의 영들아
예수님의 이름으로 끊어질지어다.
낙심을 주는 실망의 영들아 예수님의 이름으로 전멸될지어다.
원망과 불평의 영은 예수님의 이름으로 내 생각과 입술에서 완전히 소멸될지어다.

우울의 영은 예수님의 이름으로 없어질지어다.
시기의 영은 예수님의 이름으로 떠나갈지어다.
게으름의 영은 예수님의 이름으로 사라질지어다.
질투의 영은 예수님의 이름으로 무력화될지어다.
비관과 낙담의 영은 예수님의 이름으로 지금 즉시 떠나갈지어다.
나는 예수님의 핏 값으로 산 하나님의 자녀다.
마귀를 대적하라 그리하면 너희를 떠나리라. 아멘. 아멘. 아멘.

막혔던 모든 것들이 예수님의 이름으로 뚫어지고 풀어지고 해결될지어다.
묶였던 견고한 진들아 보혈의 피로 무너지고 부서질지어다.
내 앞길을 막아 안 되게 만드는 저주의 영들아 예수님의 이름으로 명하노니 떠나가고 사라질지어다.
하나님이 주신 말씀을 굳게 믿고 선포합니다.

미움을 주는 시기의 영들아 예수님의 이름으로
소멸될지어다.
나는 예수님의 마음으로 모든 사람들을 용서하고
사랑하며 화평하고 관용할 것이다.
하나님의 자녀로 살아갈 것이다.
다툼을 주는 마귀, 사탄, 귀신들아
예수님의 이름으로 묶임 받고 영원한 무저갱으로
떠나갈지어다.
하나님을 예배치 못하게 만드는 악한 세력은
소멸될지어다.
속사람과 겉사람의 질병은 예수님의 이름으로
치유될지어다.
모든 스트레스는 예수님의 이름으로 해방되고
자유할지어다.
굽히지 않고 완악함을 주는 고집스런 영들아
예수님의 이름으로 떠나갈지어다.

내 영의 눈은 오직 하나님만 바라볼지어다.

내 영의 귀는 오직 주님의 음성만 들을지어다.
내 영의 코는 하나님이 주시는 생기만 마실지어다.
내 영의 입은 생명수 샘물이 되어 살리는 말만 할지어다.
내 영의 생각은 하늘의 것과 영원한 것으로 가득 채워질지어다.
내 속사람 머리 위에 성령의 불이 강하게 임하여 주시옵소서.
선포할 때마다 불의 능력이 나가게 하여 주시옵소서.

모든 악한 영들아 내 마음과 생각에서 완전히 떠나갈지어다.
갈등과 문제를 주는 다툼의 영들아 예수님의 이름으로 즉시 떠나가라.
조상으로부터 온 대물림의 영들아 예수님의 이름으로 즉시 떠나가라.

나에게 짜증과 화를 주는 악한 영들아 예수님의 이름으로 지금 즉시 사라져라.

모든 인생의 문제는 예수님의 이름으로 완전히 해결될지어다.

모든 재정의 문제는 예수님의 이름으로 완전히 풀려질지어다.

모든 미래의 불안은 예수님의 이름으로 완전히 평안해질지어다.

나를 지치게 하는 모든 무거운 짐은 예수님의 이름으로 가벼워질 것입니다.

내 마음을 답답하게 만드는 모든 것들이 보혈의 권세로 시원하게 해결될 것입니다.

보혈과 성령을 의지한 영의 기도는 주님과 하나 되어 모든 문제를 풀어줄 것입니다.

긴장과 압박을 주는 악한 영들아 예수 그리스도의 이름으로 명하노니 지금 있는 곳에서 무저갱으로 떠나갈지어다.

나에게 눌림을 주는 저항의 영들아 예수님의 이름으로 영원한 결박을 받을지어다.
기분 나쁜 감정을 주는 악한 영들은 예수님의 이름으로 떠나갈지어다.
슬픈 감정을 주는 속임의 영들은 예수님의 이름으로 사라질지어다.
과거의 생각과 고통은 예수님의 이름으로 끊어질지어다.
내 주변에 있는 모든 악한 영들은 지금 즉시 예수님의 이름으로 흩어질지어다.

내 건강을 해치는 질병의 영들은 예수님의 이름으로 끊어질지어다.
남에게 들은 부정적인 말을 예수님의 이름으로 거부한다.
내가 하고 싶은 모든 죄의 욕구를 예수님의 이름으로 거절한다.

타인의 말로 들어온 불안의 영들아 보혈의 권세로
떠나갈지어다.
마귀가 주는 세상의 인정과 성공의 욕심을
저버립니다.
마귀가 가져다주는 거짓된 허상과 누림을
예수님의 이름으로 대적합니다.
마지막에 불타 없어질 세상 것에 마음을 두지 않게
하여 주시옵소서.

서운한 생각을 품게 하여 미워하게 만드는 악한
영들아
예수님의 이름으로 완전히 떠나갈지어다.
억울함과 답답함을 주는 분노의 영들아
예수님의 이름으로 떠나갈지어다.
나에게 상황과 조건을 만들어서 내면의 상처를
주는 마귀 사탄 귀신의 세력들아
예수님의 이름으로 명하노니 상처가 없었던
온전한 마음상태로 돌려놓을지어다.

예수님의 이름으로 명하노니 다시는 내 앞에
과거의 기억을 가져다 놓지 못할지어다.
사람들의 대화를 타고 들어온 불안과 잘못됨의
영들아 예수님의 이름으로 떠나갈지어다.

내 입술에 있는 비난과 비방의 칼들아
예수님의 이름으로 다 부러질지어다.
내 입술에 있는 험담의 말들아 허물을 덮어주시는
예수님 이름으로 무력화될지어다.
쉬지 않는 악이요, 죽이는 독이 가득한 혀의
죄들아 성령의 불로 완전히 다 태워질지어다.
내 삶에 평안을 깨뜨리는 불안정한 영들아
예수님의 이름으로 명하노니 무저갱으로
던져질지어다.
돈의 압박, 일의 압박, 인간관계의 압박을 주는
눌림의 영들아
예수님의 이름으로 명하노니 지금 즉시
떠나갈지어다.

내 혀의 말 한마디가 마귀에게 죄의 틈을 열어주는 문이 되지 않기를 간구합니다.
예수 그리스도의 신부된 말과 행함으로 살게 하여 주시옵소서.

마귀를 이길 수 있는 제단의 불을 내려 주시옵소서.
성령의 갑옷을 입고 마귀를 대적하여 넉넉히 이기게 하여 주시옵소서.
마귀는 십자가의 사랑과 희생을 이기지 못하고 고꾸라졌습니다.
예수님의 말씀 앞에서 마귀의 머리는 산산이 부서졌습니다.
예수님의 이름이 능력입니다.
예수님의 권세는 나의 것입니다.
예수님을 의지합니다.
오늘도 예수님과 동행하고 성령을 의지하여 기도합니다.

예수님이 흘리신 보혈의 힘과 부활의 권세를 믿고
예수님의 이름으로 간절히 기도합니다. (아멘)

죄를 짓는 자는 마귀에게 속하나니 마귀는 처음부터
범죄함이라 하나님의 아들이 나타나신 것은 마귀의
일을 멸하려 하심이라 _요일3:8

너희도 처음부터 나와 함께 있었으므로
증언하느니라 _요 15:27

회개기도

만일 우리가 우리 죄를 자백하면 그는 미쁘시고 의로우사 우리 죄를 사하시며 우리를 모든 불의에서 깨끗하게 하실 것이요 _요일 1:9

예수님께서 흘려주신 생명의 보혈로 회개의 문을 열어 주시옵소서.
하늘문을 열어 주시고 보혈의 제단에 보혈의 피를 뿌려 주시옵소서.
회개의 영을 부어 주셔서 죄 씻음 받기를 원합니다.
예수님의 보혈을 의지합니다.

주 예수님 나를 불쌍히 여겨 주시옵소서.
하나님이 원하시는 뜻대로 회개할 수 있게 도와주시옵소서.

성령님이 말할 수 없는 탄식 가운데 회개의 불을
내려 주시옵소서.
예수 그리스도의 피뿌림이 내 속사람에게
뿌려지기를 원합니다.
하나님이 내 영혼을 건지시고 주의 보혈로 나를
구원하여 주시옵소서.

성령의 불이 임하는 회개를 허락해 주시옵소서.
예수님 안에 있는 생명과 성령의 법이 죄와 사망의
법에서 나를 해방하여 주시옵소서.
예수님은 하늘과 땅의 모든 권세가 있으십니다.
예수님은 세세토록 살아 계시고 사망과 음부의
열쇠를 가지신 참 하나님이십니다.

죄를 사하시는 권세와 천국의 열쇠를 쥐고 계신
예수님의 보혈이 생명임을 믿습니다.
내 악함을 회개하고 주께 기도하오니 마음에 품은
죄를 사하여 주시옵소서.

회개하는 기도가 아름다운 향연이 되어 하나님 앞에 상달되기를 원합니다.
내 기도를 들으시고 내 회개를 기억하여 주시옵소서.
하나님께 기도하지 않아서 교만했던 죄를 용서해 주시옵소서.
기도하지 않아서 순종하지 못한 죄를 지었습니다.
기도하지 않는 죄는 영적인 교만입니다.
기도하지 않는 죄는 가장 고집스러운 완악한 죄입니다.
거역하는 것은 점치는 죄와 같고 고집 피우는 것은 우상숭배가 됩니다.
거역과 고집을 용서해 주시고 순종하는 마음을 주시옵소서.
육의 생각으로 기도한 죄를 용서해 주시옵소서.
혼으로 기도하고 감정으로 기도하여 성령님을 근심하게 만든 죄를 용서해 주시옵소서.

정욕으로 쓰려고 내 방식대로 잘못 구한 죄도
있습니다.
사람의 정욕을 따르며 살았고 육체의 남은 때를 죄
가운데 살아서 시간을 낭비했습니다.
내 감정과 경험을 의존하며 산 죄를 용서하여
주시옵소서.
기도하는 동안 생기는 자기의를 용서해 주시옵소서.
겉으로는 아니라고 하였어도 마음으로는
인정받으려고 한 자기의를 용서해 주시옵소서.

나 좀 알아줬으면 하는 숨겨진 자기의가 내 안에
있습니다.
사람 의식하며 살아온 죄를 용서해 주시옵소서.
죄 앞에 항상 넘어지며 해도 해도 안 되는 나를
불쌍히 여겨 주시옵소서.

끝났다고 생각할 그 때가 주님이 가장 가까이 계실
때인 것을 알게 하여 주시옵소서.

넘어진 그 장소에서 주님 손을 붙잡고 다시 일어설 수 있는 힘을 주시옵소서.
넘어진 그 자리가 겸손의 자리가 되고 거룩을 이루는 장소가 되기를 원합니다.

내가 휘두른 혈기가 죄의 채찍이 되어 남에게 상처를 준 죄를 용서해 주시옵소서.
땅 위의 것, 정욕의 것, 귀신의 것을 추구하며 산 죄를 용서해 주시옵소서.
죄의 정욕이 나에게 역사하여 스스로 사망의 열매를 맺고 살았습니다.
영혼을 거슬러 싸우는 육체의 정욕을 제어하는 능력을 주시옵소서.
세상이 주는 즐거움으로 일삼고 가증스럽게 남을 미워하며 살았습니다.
향락을 좋아하여 살았으나 죽은 삶을 살아왔습니다.
쾌락과 향락과 돈을 좇아 살아온 죄를 용서해 주시옵소서.

예수님의 보혈로 내 이름이 하늘에 기록된 것으로
감사하며 살겠습니다.
아무리 좋아보여도 죄이면 다 갖다 버리게 하여
주시옵소서.
기도 없이 내 자신을 믿고 스스로 해결하려고 한
영적인 교만과 육적인 교만을 용서해 주시옵소서.
믿음 없이 보고 듣고 생각하며 행동한 모든 죄를
용서해 주시옵소서.
기도로 시작하지 않고 기도로 마치지 않은 방종을
용서해 주시옵소서.

말씀을 듣기만 하고 행하지 않아 자신을 속이며
살아왔습니다.
믿기만 하면 구원받는다는 불완전한 신앙으로
순종하지 않았습니다.
한 번 구원은 영원한 구원이라고 속단하며
내가 주인되어 마음대로 살아온 죄를 용서해
주시옵소서.

예수님이 나의 죄 때문에 자신을 버리사
십자가의 희생으로 나를 구원해 주셨는데도
저는 믿기만 하면 천국간다는 비겁한 신앙으로
변명하며 살아왔습니다.

이제는 믿음과 삶의 행실로 하나님의 말씀을
순종하며 살겠습니다.
기도하지 못해서 영권 없이 살고 하나님의 영광을
가렸습니다.
이제부터는 모든 일에 겸손히 기도로 시작하여
기도로 마치겠습니다.
내 영혼을 돌보지 않은 영적인 게으름을 용서하여
주시옵소서.
내 마음을 돌보지 않은 영적인 무기력함을
용서하여 주시옵소서.

내 생각을 돌보지 않은 영적인 나태함을 용서하여
주시옵소서.

내 생각을 관리하지 않고 불의로 마음을
더럽혔습니다.
내 마음을 관리하지 않고 불의로 심령을
더럽혔습니다.
예수님의 십자가 보혈로 용서해 주시옵소서.

예수님의 보혈, 보혈, 보혈을 원합니다.
내 입술을 관리하지 않고 불의로 온몸을
더럽혔습니다.
이제부터는 입을 열면 사랑을 베풀고 내 혀로
인애의 법을 말하며 살겠습니다.
예수님이 주시는 보혈의 능력과 존귀로 옷을 삼고
살겠습니다.
하나님께 기도하여 내 자유의지를 내어 드리고
말씀대로 살게 하여 주시옵소서.

내 유익에 따라 사람들을 배신하며 조급하게
살았습니다.

자기중심적인 생각으로 자만했고 쾌락을 추구하며 산 죄를 용서해 주시옵소서.
경건의 모양은 있었으나 경건한 삶은 살아내지 못했습니다.

알게 모르게 지은 죄, 꿈에서 지은 죄,
무의식적으로 지은 죄,
눈으로 지은 죄, 귀로 지은 죄, 입술로 지은 죄,
손과 발로 지은 죄,
몸으로 행한 모든 죄를 예수님의 십자가 피로 용서하여 주시옵소서.
말 하는 것, 보는 것, 듣는 것, 가는 곳을 절제하지 못하며 살아왔습니다.
먹지 말아야 할 것을 먹었고 가지 말아야 할 곳을 가고야 말았습니다.
선한 것을 좋아하지 않고 도리어 악한 생각과 악한 일을 저지른 죄를 용서해 주시옵소서.
나를 사랑하고 타인은 비방하며 교만과 자랑을

일삼은 죄를 용서해 주시옵소서.
삶의 손을 깨끗하게 하지 않고 양심을 속이며
살아왔습니다.
세상 반 신앙 반을 오가며 두 마음을 품고 살아온
죄를 보혈로 용서해 주시옵소서.
죄로 인해 애통해하며 눈물로 고백하며
기도합니다.

내 웃음을 애통으로, 내 즐거움을 근심으로 바꾸는
진정한 회개를 원합니다.
주 앞에서 낮추고 또 낮추는 삶을 살게 하여
주시옵소서.
주님이 나를 공의 가운데 높여 주시는 그날까지
온유와 겸손의 띠를 매고 내려가는 삶을 살게
해주시옵소서.
나의 거룩하지 못한 말과 행동 때문에 주님의
이름이 거룩히 여김을 받지 못하였습니다.
이 어리석은 죄인을 용서하여 주시옵소서.

이 곤고한 죄인을 보혈의 빛으로 비춰 주시옵소서.
보혈의 빛이 내 생각을 비추어 주시옵소서.
내 마음을 비추고 내 심령을 비추어 주시옵소서.
말세에 고통 하는 때는 나의 죄에 대한 영적인
고통입니다.

어리석은 죄에 참여하지 않게 해주시옵소서.
죄인들의 회중을 거부하여 죄인들의 재앙을 받지
않기를 원합니다.
하나님의 무서운 진노의 잔을 마시지 않게 하여
주시옵소서.

온전하게 회개할 때마다 내 영이 찬란한 빛의 옷을
입게 하여 주시옵소서.
나의 이름이 생명책에 기록되는 은혜를 내려
주시옵소서.
사망과 음부가 불못에 던져질 때 나의 영은
천국에서 해같이 빛나게 하여 주시옵소서.

말씀을 실천하지 못할 것 같아서
일부러 성경을 보지 않고 산 적도 있습니다.
하나님의 뜻을 알고도 준비하지 않고
주님의 뜻대로 살지 못했습니다.
알지 못하고 맞을 일을 행한 이 죄인을 용서해
주시옵소서.
더 많이 받은 자로서 순종하며 살지 못한 죄를
보혈의 피로 용서해 주시옵소서.
하나님께 회개하오니 신실하지 못한 자가 받는
벌을 면하여 주시옵소서.
먹고 마시며 허송세월을 보내 온 지난날을
회개합니다.

술 취하여 헛된 말을 하고 세상에 취하여 세상
방식대로 살아왔습니다.
마음 놓고 살아왔고 몸이 원하는 대로 죄지으며
정욕대로 살았습니다.

주님 내 영혼을 더럽힌 죄악을 보혈의 피로 깨끗이
씻어 주시옵소서.
이제부터 죄를 버리는 종이 되어 하나님 나라에서
으뜸 되는 자로 살게 하여 주시옵소서.

내 가치관을 버리고 세상의 방식을 버리고 살기를
원합니다.
마귀가 주는 세상 껍데기에 가려 살지 않게 하여
주시옵소서.
내 마음의 가죽을 벗기고 내 생각의 찌꺼기를
버리고 살게 하여 주시옵소서.

주님이 땅에 불을 던지러 오셨사오니 내 심령에
먼저 그 불을 던져주시옵소서.
성령의 뜨거운 불을 받아 내 마음이 복음의
열정으로 가득차기를 원합니다.
예배를 드리고 말씀을 듣고 선을 행할 줄 알면서도
행하지 않았습니다.

행함 없는 믿음과 사랑이 없는 믿음을 용서해
주시옵소서.
말씀을 알고도 희생이 두려워 불순종한 죄를
용서해 주시옵소서.

이제부터는 순종은 속히 하고 죄에는 미련하게
살겠습니다.
주님을 믿으면서도 내가 아프고 손해 보는 것에만
집중했습니다.
주님을 믿으면서도 내가 힘든 것에만 이기적으로
생각했습니다.

저는 어리석게도 안정될수록 움켜쥘수록 더 많은
죄를 짓고 말았습니다.
죄의 탐욕과 자아가 온전히 죽지 못한 것을
예수님의 십자가의 보혈로 용서해 주시옵소서.
하나님의 일을 내 열심과 내 의로 했던 죄를
용서해 주시옵소서.

내 목적을 위하여 사람들을 이용하고 내 욕심으로 나를 돋보이기 위해 예수님의 이름마저 사용하고 살아왔습니다.
하나님의 영광을 가로채고 내 의를 높인 교만을 용서해 주시옵소서.

사람들의 칭찬으로 나를 교만하게 만들고 그 칭찬이 우상이 되어 높임을 받은 가장 어리석은 교만한 죄를 용서해 주시옵소서.
이제부터는 하나님의 열심으로 일하고 성령으로 봉사하며 하나님의 의로 살아가도록 힘쓰겠습니다.
주님 오실 날이 가까웠는데도 세상에 빠져 즐기고 생활의 염려를 하며 성령님을 근심하게 만들었습니다.
지금부터는 정신을 차리고 근신하여 기도로 깨어 있겠습니다.
성령의 기름을 준비하겠습니다.

보혈을 의지하여 내 죄악을 자백하고 모든 죄를
던져 버리겠습니다.
하나님께서 저를 불쌍히 여겨 주시옵소서.
탐욕과 정욕의 죄도 버립니다.
비워진 자리에 성령으로 채워 주시옵소서.
하나님께 헌금을 드린다고 하면서도 눈 먼
희생제물을 바쳤습니다.
저는 것과 가치 없는 것을 드려 악을 행하였습니다.
이제부터는 믿음의 제물을 드리고 온전한 내 삶을
드리겠습니다.
주님이 기뻐하시면 나도 함께 기뻐하겠습니다.
회개의 제물을 내 삶의 열매로 드리게 하여
주시옵소서.

헛된 것을 따라 헛되이 말하고 행한 죄를 용서해
주시옵소서.
사람을 의지하고 헛되이 도움을 바라며
살아왔습니다.

사람의 전통을 교훈 삼아 잘못 가르치고 산 죄를
용서해 주시옵소서.
육신의 생각을 따라 헛되이 말하고 행하여
거짓되게 살았습니다.
주님의 은혜를 세상 것과 맞바꾸며 받은 은혜를 다
쏟아 버렸습니다.
주님~ 이 어리석은 죄인을 용서하여 주시옵소서.
해도 해도 안 되는 이 죄인을 포기하지 말아
주시옵소서.
끝까지 주님의 손을 붙잡고 끝까지 믿음을
지키기를 원합니다.

예수님이 나의 죄를 위해 십자가에서 죽으시고
삼일만에 부활하신 것을 마음으로 믿고
고백합니다.
모든 죄를 용서받아 예수님의 생명책에 내 이름이
기록되게 하여 주시옵소서.
지옥 갈 인생을 구해 주신 예수님께 빚진자로

살기를 원합니다.
예수님이 길이요, 진리요, 생명이신 것을 믿습니다.
예수님이 부활이요, 생명이신 것을 믿습니다.
예수님을 믿으면 죽어도 살겠고 살아서 믿는 자도
영원히 죽지 않을 것입니다.
부활의 자녀로서 하나님의 자녀됨을 믿습니다.
선한 일을 행하여 생명의 부활이 되게 하여
주시옵소서.

그리스도와 함께 부활의 권능과 그 고난에
참여함을 알게 하여 주시옵소서.
오늘도 어떻게 해서든지 죄를 버리고 부활에
이르려고 몸부림칩니다.
예수님을 믿으면 나도 주님처럼 부활의 몸을 입을
수 있음을 믿습니다. 아멘! 아멘! 아멘!

주여! 주여! 나를 도우시고 이 모든 죄의
구덩이에서 건져내 주시옵소서.

사랑으로써 역사하는 믿음을 주시고 모든 죄를
예수님의 보혈로 씻어 주시옵소서.
하나님을 잊고 악을 행하면서 깨닫지 못한 죄가
있습니다.
말씀을 온전히 순종하지 않고 충성하지 못한 죄를
용서해 주시옵소서.

나의 성격이 하나님의 거룩한 성품이 되게 하여
주시옵소서.
나의 인격이 하나님의 깨끗한 인품이 되게 하여
주시옵소서.
이 회개를 가로채는 마귀 사탄 귀신의 세력들아
예수님의 이름으로 묶임 받고 떠나갈지어다.
이제부터는 회개 된 깨끗한 주님의 성품과 인품을
가지고 살아갈 수 있도록 힘써 노력하겠습니다.
내가 겪은 상처와 교만이 나에게서 나온
욕심이라는 것을 알게 되었습니다.

내가 피해자라며 억울해 하고 내 중심적으로
생각한 이기적인 죄의 본성을 용서해 주시옵소서.
나에게 피해의식을 주는 악한 영들아 예수님의
이름으로 떠나가라.

나만 억울하다고 생각한 감정도 이제 와서 보니
남에게 인정받으려고 한 자기의였습니다.
입술로 말한 서약을 지키지 못한 죄를 용서해
주시옵소서.
불안이 나를 지배하도록 내버려 둔 것을 사하여
주시옵소서.
내 겉사람과 속사람이 죄로부터 완전히
해방되기를 간구합니다.
나에게 죄 지은 모든 사람을 용서하오니 나의 죄도
사하여 주시옵소서.

내 손을 잡고 회개의 영을 부어주신 성령님께
감사드립니다.

주홍빛 같은 내 죄를 보혈의 피로 용서해주신 예수 그리스도의 이름으로 간절히 기도합니다. (아멘. 아멘. 아멘)

여호와는 마음이 상한 자를 가까이 하시고 충심으로 통회하는 자를 구원하시는도다 _시편 34:18

주께서 나의 앞뒤를 둘러싸시고

내게 안수하셨나이다 _시 139:5

승리기도

하나님께로부터 난 자마다 세상을 이기느니라

_요일 5:4

세상에서 너희가 환난을 당하나 담대하라 내가 세상을 이기었노라. 아멘. 아멘. 아멘.
오늘도 예수님의 피 묻은 손을 붙잡고 성령님을 의지하여 기도합니다.
예수님의 손이 나를 붙잡고 있으므로 모든 죄를 이기고 승리할 수 있습니다.
성령의 손이 나를 붙잡고 있으므로 모든 죄를 다스리고 이길 수 있습니다.

보는 죄를 이기게 도와주시옵소서.
말하는 죄를 이기게 도와주시옵소서.
듣는 죄를 이기게 도와주시옵소서.

생각하는 죄를 이기게 도와주시옵소서.
상상하는 죄를 이기게 하여 주시옵소서.
마음에 품은 죄를 이기게 하여 주시옵소서.
두 마음을 품으면 죄로 넘어지는 것을 기억하고 살겠습니다.
행하는 죄를 영으로써 다스리고 이길 수 있기를 원합니다.
예수님의 보혈은 보고 듣고 생각하는 모든 죄를 다스리고 이길 수 있으십니다.
예수님의 보혈은 마음에 품은 죄와 행하는 모든 죄를 능히 이길 수 있음을 믿습니다.
예수님이 주신 보혈의 옷을 항상 입고 살게 하여 주시옵소서.

성령의 불옷을 입고 보혈의 권세를 입어 죄와 싸워 승리하게 하여 주시옵소서.
예수님의 보혈을 바른 보혈의 갑옷을 주시옵소서.
모든 죄를 이길 수 있게 도와주시옵소서.

예수님의 피뿌림이 내 연약한 죄에 뿌려지기를
원합니다.
사망이 쏘는 죄를 이기게 하여 주시옵소서.
성령의 불로 모든 죄의 잔뿌리를 완전히 태워
주시옵소서.
창조주 하나님 앞에서 피조물 마귀는 아무것도
아님을 기억하겠습니다.
예수님의 이름 앞에서 마귀, 사탄, 귀신들이 할 수
있는 일은 아무것도 없음을 믿습니다.
당황한 마귀가 한 길로 왔다가 일곱 길로 흩어지게
하여 주시옵소서.

모든 승리의 열쇠는 예수님의 보혈과 성령의
능력임을 믿습니다.
천국의 열쇠를 주신 아버지 하나님과 나의 주
예수님과 내 안에 계신 성령님을 찬양합니다.
마귀는 사랑과 용서를 이길 수 없습니다.

예수님의 보혈과 성령의 능력으로 마귀를 이길 수 있게 도와주시옵소서.
나는 예수님의 권세를 하늘로부터 부여 받았으므로 더 큰 힘을 얻어 항상 승리할 것입니다.
내가 예수님을 의지하면 무조건 이길 수 있음을 믿습니다.
이기는 자의 상급을 받게 될 것입니다.
이기는 자의 칭찬을 얻게 될 것입니다.
승리하는 자의 영광을 주시옵소서.

예수님은 십자가로 마귀의 일을 완전히 제압하시고 멸하셨습니다.
불의 능력을 받아 항상 이기는 자가 되게 하여 주시옵소서. 아멘.
사망과 음부의 열쇠를 가지신 예수님이 마귀를 불못에 던져 넣으실 권세가 있으시니 마귀는 아무것도 아님을 믿습니다.

사망과 음부가 죽은 자들을 내어 줄 때 죄인은 심판받게 되지만
보혈을 힘입어 의인된 나는 상급 받게 될 줄로 믿습니다.

영으로 깨닫는 자가 되어 영으로 기도하기를 원합니다.
모든 이름 위에 뛰어난 예수님의 이름은 나의 소망이십니다.
예수님 이름 안에는 치유의 권세가 있음을 믿습니다.
영적인 모든 치유도 우리 주 예수 그리스도께 있음을 믿습니다.
예수님의 권세로 치유 받아 질병도 이기게 하여 주시옵소서.

질병의 고통에서도 예수님의 피 묻은 손을 붙잡으면 승리할 수 있음을 믿습니다.

말씀을 믿음으로 선포하면 질병의 영들이
무너지고 소리치며 떠나감을 믿습니다.
믿음으로 선포하는 말씀에 하나님의 기적이
일어납니다.
하나님의 영광이 임하고 말씀이 선포될 때 기적을
볼 수 있음을 믿습니다.
하나님의 영광이 내게 임하고 내 영이 하나님의
영광을 보게 하여 주시옵소서.

하나님의 온전한 계획 안에서 승리하기를
원합니다.
나에게 적용되는 예수님의 능력을 기적으로
나타내 주시옵소서.
내 모든 죄를 십자가에서 해결해 주신 예수님을
찬양합니다.
예수님의 이김은 나의 이김이 됩니다.
예수님의 기쁨도 나의 기쁨이 됩니다.
모든 것 위에 계시고 모든 것을 하나로 통일하신

예수님이 나의 편이 되어 주시니 아무것도
두려워하지 않겠습니다.
새롭게 창조하실 예수님이 내 신랑 되시니 신부의
권세를 받아 모든 죄를 다스리고 이길 수 있음을
믿습니다.

넘어진 자리가 하나님을 드러내는 거룩한 장소가
되게 하여 주시옵소서.
처음부터 마지막까지 영원한 기쁨과 만족을
주시는 예수님이
내 영혼을 소생시켜 주시니 내 마음이 강해지고
있음을 믿습니다.
예수님의 보혈로써 승리는 내 것입니다.
예수님의 보혈로써 치유는 내 것입니다.
예수님의 보혈로써 천국은 내 것이 될 것입니다.
부와 지혜와 힘과 존귀를 가지신 예수님이 나의
보호자 되어 주시니 땅의 사람들을 두려워하지
않고 살겠습니다.

예수님의 부와 지혜를 믿음으로 취하여 이기고 승리할 것입니다.
내가 기도로 간구하는 날에는 주께서 나와 가장 가까이 계시기 때문에 모든 죄를 다스리고 통치 할 수 있음을 믿습니다.

기도하면 죄를 이길 수 있는 강력한 힘이 생깁니다.
내 입에 선포된 불을 넣어 주셔서 치유의 불이 나가게 하여 주시옵소서.
불같은 말씀은 믿음의 불이요, 복음의 능력임을 믿습니다.
예수님처럼 동일한 말씀으로 기도하면 가장 강력한 최고의 영적 무기가 될 것을 믿습니다.
보혈과 성령의 불이 말씀으로 임하게 하여 주시옵소서.
빛의 자녀답게 살게 하여 주시옵소서.
내가 먼저 주 안에 거하면 주님이 내 안에

거하신다고 약속하셨습니다.
예수님 안에서 열매를 맺게 하여 주시옵소서.
죄의 열매는 던져 버리고 의의 열매를 맺게 하여 주시옵소서.
죄에 대하여는 죽고 의에 대하여는 살게 하여 주시옵소서.
예수님 안에 거하여 살게 되면 주께서 강림하실 때에 나로 담대함을 얻어 주님 앞에서 부끄럽지 않게 하여 주실 것을 믿습니다.
의를 행하는 자가 되어 십자가의 의로 이기게 하여 주시옵소서.
진실로 하나님께로부터 난 자가 되어 세상을 이기는 믿음을 주시옵소서.
승리하는 믿음과 소망과 사랑이 하나가 되게 하여 주시옵소서.
예수님을 믿는 자가 세상을 이기는 자임을 믿습니다.

믿음이 행함과 함께 일하고 행함으로 믿음이
온전해져서 죄를 이기고 승리할 수 있음을
믿습니다.

이기는 자와 끝까지 주의 일을 지키는 자가 되어
만국을 다스리는 권세를 받게 하여 주시옵소서.
예수님의 이름으로 이기는 자가 되어 하나님의
성전 안에 있는 기둥이 되기를 원합니다.
하나님께로부터 내려오는 새 예루살렘의 이름을
이기는 자 위에 기록해 주실 영광을 기대하며
살겠습니다.
이기는 자는 천국의 유업을 상속받게 됨을
믿습니다.
하나님은 이기는 자의 하나님이 되어 주시고
이기는 자는 하나님의 완전한 자녀가 됨을
믿습니다.
이 땅에서 이기는 자의 상을 받게 되는 존귀한
자로 살게 하여 주시옵소서.

이기는 자가 받게 될 상급을 믿음의 눈으로
바라보고 세상에 있는 모든 것이 하찮게 보이는
능력을 주시옵소서.
배설물로 보이게 하여 주시옵소서.
무엇이든지 내게 유익했던 것을 그리스도를
위하여 다 해로 여길 수 있는 믿음을 주시옵소서.
썩어 없어질 무익한 것에 붙잡히지 않게
도와주시옵소서.
세상 것을 붙잡지도 만지지도 않게 하여
주시옵소서.
한때 쓰이고 없어지는 것을 예수님의 이름으로
거부하고 살겠습니다.
하고 싶은 것을 하지 않아 의의 열매를 맺게 하여
주시옵소서.
누리고 싶은 것을 하지 않아 영의 열매를 맺게
하여 주시옵소서.
할 수 있는데도 하지 않는 것은 예수님을 따르고자
하는 자기 부인의 열매임을 믿습니다.

예수님이 성경을 이루시기 위하여 열두 군단 더 되는 천사를 아버지께 구하지 않으신 것처럼 하나님의 나라를 이루기 위하여 내가 가진 특권을 포기하고 기꺼이 내어 드리게 하여 주시옵소서.
내 것을 내어 드리는 만큼 하나님의 것으로 차고 넘치게 채워 주시옵소서.
하나님의 것으로 채워질수록 모든 죄를 능히 다스릴 수 있게 하여 주시고 그 죄를 이길 수 있게 도와주시옵소서.
내 지체를 불의로 내어 주지 않고 의의 무기로 쓰임 받기를 원합니다.
예수님을 의지하여 내 입술과 생각이 죄에게 내어 주지 않기를 원합니다.
하나님의 말씀을 최우선으로 놓고 말씀대로 살게 하여 주시옵소서.
하나님의 성품과 능력으로 죄를 이기고 이기게 하여 주시옵소서.
예수님의 이름을 사용할 수 있는 권세를

주시옵소서.
말씀과 성령으로 영의 훈련을 받아 어떤 죄가 내 앞에 찾아와도 승리하게 하여 주시옵소서.
주의 권능이 나타날 때 모든 죄는 사라지고 없어지게 됨을 믿습니다.
거룩을 지키는 싸움을 싸워 승리하기를 원합니다.
겸손을 지키는 싸움을 싸워 내 자신을 더욱 낮추고 또 낮추게 하여 주시옵소서.
고난의 끝에서도 끝까지 기도하여 승리할 수 있게 도와주시옵소서.
승리의 전신갑주를 입혀 주시옵소서.
승리의 면류관 받기를 원합니다.
보혈의 권세로 마귀를 밟아 버리는 힘을 주시옵소서.
보혈로 승리하여 육의 사람이 육의 말 하는 것도 서운하게 들리지 않게 하여 주시옵소서.
보혈의 믿음은 죄를 꿰뚫어 보는 능력이 있음을 믿습니다.

이기는 자답게 살게 하여 주시옵소서.
기쁨과 감사가 넘치는 삶을 살겠습니다.
눈에 보이는 허상뿐인 죄를 이기고 다스리고
승리하게 하여 주시옵소서.
나는 예수님의 이름으로 이긴 자임을 믿습니다.
친히 큰 권능을 잡으시고 죄를 이겨 천국에서
면류관을 주실 나의 주 예수님의 이름으로 간절히
기도합니다. (아멘. 아멘. 아멘.)

세상에서 너희가 환난을 당하나 담대하라 내가
세상을 이기었노라 _요 16:33

더 깊은 회개기도

너희의 죄가 주홍 같을지라도 눈과 같이 희어질 것이요 진홍같이 붉을지라도 양털같이 희게 되리라

_이사야 1:18

하나님께서 구하시는 예배는 상한 심령입니다.
하나님이 나를 불쌍히 여겨 주셔서 상하고 통회하는 내 마음을 받아 주시옵소서.
예수님이 흘려주신 피로써 내 죄악이 깨끗이 씻기게 하여 주시옵소서.
추하고 더러운 모든 죄를 주님 앞에 다 내어 드립니다.

주님이 모두 가져가시고 새로운 피조물이 되게 하여 주시옵소서.

주의 피로 이룬 보혈의 샘물이 내 마음에 넘치기를
원합니다.
예수님이 흘리신 보혈의 능력을 믿습니다. 아멘.
아멘. 아멘.
회개의 고백이 내 몸과 마음과 영혼을 흔들어
깨우게 하여 주시옵소서.
내 골수와 관절을 찌르시는 회개를 내려
주시옵소서.

주님이 보내 주신 주변 사람들과 화평을 이루지
못하고 살아왔습니다.
내가 하기 싫은 일을 다른 사람에게 하게 한 죄를
용서해 주시옵소서.
나를 세속에서 지켜내지 못하고 내 몸을 쾌락에
내어주며 거룩하지 못했습니다.
예수님의 십자가 피로 용서하여 주시옵소서.
예수님의 거룩을 지켜 드리지 못했고 그 이름을
부끄러워했던 적도 있습니다.

이제부터는 거룩의 옷을 입고 예수님의 이름을
선포하며 살겠습니다.

하나님의 대리자 역할을 올바로 하지 않고 연약한
사람들에게 말로 상처 주고 죄짓게 만들었습니다.
필요에 따라 사람을 만나고 판단하며 사랑하지
못했습니다.
내 삶이 거짓되고 위선된 것을 용서해 주시옵소서.
하나님의 말씀을 작은 것부터 지키지 않고 순리를
거스른 죄를 지었습니다.
모든 말씀을 온전히 믿지 못하고 내 경험과 지식이
앞섰습니다.
돈을 좋아하고 이기적이며 자기중심적인 삶을
용서해 주시옵소서.
칭찬에 목말라 우상숭배하고 교만한 자리에서
인정받기를 갈망한 죄를 지었습니다.
성령 안에서 죄 씻음 받아 거룩함과 의롭다 하심을
얻게 하여 주시옵소서.

내가 갖지 못한 것을 탐심하여 욕심부린 죄를
예수님의 보혈로 용서해 주시옵소서.
나의 죄로인해 이루지 못한 목표를 환경 탓하며
합리화한 기만을 용서해 주시옵소서.
죄인 것을 알면서도 이익이 되면 속이고
합리화하며 살았습니다.
죄를 짓고 마는 고집스런 교만을 예수님의 십자가
보혈로 용서해 주시옵소서.
순간을 모면하는 거짓말, 교활한 생각, 거짓으로
나를 방어한 죄를 용서해 주시옵소서.
숨은 것이 드러나지 아니할 것이 없고 감추인 것이
알려지고 나타나지 않을 것이 없습니다.
내가 어떻게 들을까 스스로 삼가게 하여
주시옵소서.
내 마음이 교만하여 내일도 살아 있을 거라고
자신하며 살아왔습니다.
하루 동안에 무슨 일이 일어날는지 알 수 없는 내
인생을 불쌍히 여겨 주시옵소서.

속이는 것은 하나님을 조롱하는 행위입니다.
지금까지 수없이 하나님을 조롱하며 살아온 죄를 보혈로 용서해 주시옵소서.
나만 생각하고 남을 배려하지 않은 이기적인 삶을 용서해 주시옵소서.
이제부터는 예수님을 생각하고 계명을 온전히 지키며 살겠습니다. 용서하여 주옵소서.
옛 사람의 본성과 습관대로 행동하여 죄의 법에 종노릇 했습니다. 용서하여 주옵소서.
죄의 쓴 뿌리를 방치하고 세상의 방법대로 죄를 키워왔습니다.
허망한 것을 좋아하고 세상 것에 즐거워하며 나이를 먹으면서 지은 모든 죄를 용서해 주시옵소서.
그리스도 안에서 참 말을 하지 않고 거짓말한 죄를 용서해 주시옵소서.
나에게 큰 근심이 있는 것과 마음에 그치지 않는 고통이 있습니다.

근심으로 내 심령을 상하게 만든 어리석음을
용서해 주시옵소서.
내 양심이 성령 안에서 온전해지기를 원합니다.

남을 미워하고 다투며 살아왔고 생각과 마음으로
남을 살인하며 사랑하지 못했습니다.
나에게 상처 준 모든 사람들을 성령의 힘으로
용서할 수 있는 믿음과 사랑을 주시옵소서.
내 심령의 잔을 사랑으로 채워 주시옵소서.
내 생각의 잔과 마음의 잔을 말씀으로 채워
주시옵소서.
사랑의 씨를 품어 사랑의 열매를 맺게 하여
주시옵소서.
사랑으로 살게 하여 주시옵소서.
사랑은 이웃에게 악을 행하지 않는다고
말씀하셨습니다.
어두움의 일을 벗어 버리고 빛의 갑옷을 입혀
주시옵소서.

그리스도의 옷을 입고 사랑하며 살고 싶습니다.
모든 사람들을 있는 그대로 사랑하고 그들이 사랑받고 있다는 것을 느낄 때까지 사랑하게 하여 주시옵소서.
하나님의 말씀 안에서 서로 사랑하고 살겠습니다.
하나님이 내 안에 사랑으로 거하시는 온전한 사랑을 이루어 주시옵소서.

죄를 변명하고 핑계 대는 삶을 살아온 죄를 용서해 주시옵소서.
정직하지 못하고 진실하지 못했습니다.
내가 원하는 것을 하기 위해 죄에 잠깐 내어준 적도 있었습니다.
생각 없이 무익한 말을 한 죄를 예수님의 십자가 피로 용서해 주시옵소서.
입술로 교만하게 욕하고 불평하며 다툼을 만들었습니다.

마음으로는 다른 사람을 이간질하고 입으로는 남의 허물을 드러냈습니다.
미련하고 어두운 생각으로 마음을 더럽힌 죄를 용서해 주시옵소서.

처지를 비관하고 낙담하여 자신을 미워한 죄를 용서해 주시옵소서.
스스로 자괴감에 빠져 자기를 연민하며 살아왔습니다.
마음은 원이로되 망설이며 지체했고 그로 인해 하나님의 뜻을 이루지 못한 죄를 용서해 주시옵소서.

죄를 드러내는 보혈의 능력을 믿습니다.
죄를 깨닫게 해주셔서 내 모든 악한 것들이 남김없이 떠나가게 하여 주시옵소서.
미워하여 수천 마리의 귀신을 내 영혼에 달라붙게 한 죄도 지었습니다.

마음에서 나오는 악한 생각과 말로써 다른 사람의 시간을 도둑질한 죄를 용서해 주시옵소서.
나의 생각과 경험이 내 우상이 되었습니다.
남이 잘 된 것에 부러워하며 시기했습니다.

이웃의 것을 탐내고 악인의 형통을 부러워한 죄를 용서해 주시옵소서.
모르는 사람을 함부로 대하고 이익을 따지며 살아왔습니다.
주변 사람들을 사랑과 화평으로 대하지 않고 나와 맞지 않으면 돌아서 버리고 그 영혼을 생각하지 않고 살아왔습니다.
제 안의 모든 불의와 음행과 탐욕을 용서해 주시옵소서.
남에게 화내고 혈기 부려서 하나님의 의를 이루지 못했습니다.
다른 사람을 비판하고 수군거리며 나를 속여 높인 교만을 용서해 주시옵소서.

내 자랑을 하면서 입술로는 거짓되게 아닌 척하며
살아왔습니다.
하나님~ 위선적인 내 말과 행동을 용서해
주시옵소서.
마음과 생각을 죄의 잔뿌리로 방치하고 세월을
낭비했습니다.
악한 일을 계획하고 약속을 저버리고 무정하며
먼저 화해하지 않은 잘못을 했습니다.
예수님을 믿고 보혈을 의지하여 기도합니다.
모든 추악과 우매한 행동을 용서해 주시옵소서.

생각으로 죄짓고 상처를 키워 원망하고 처지를
비관했습니다.
다툼과 분노로 하나 되지 못하고 자긍하며 높은
곳에 마음을 둔 죄를 용서해 주시옵소서.
겸손한 생각과 겸손한 심령을 내려 주시옵소서.
능력의 말씀으로 죄를 정결하게 씻어 주시옵소서.
보혈의 능력을 믿습니다. 믿습니다. 믿습니다.

부모님의 말을 거역하고 공경하지 않았습니다.

세상의 유혹에 따라 돈을 사랑하며 근심한 죄를 용서해 주시옵소서.
매 순간 감사하지 못하고 거룩한 행실을 저버리고 절제하지 못했습니다.
마귀가 주는 조바심으로 급하게 생각하고 행동하여 하나님의 영광을 가린 죄를 용서해 주시옵소서.
사납게 말하고 냉정하게 행동하여 원통함을 풀지 않으며 정 없이 행동한 죄를 용서해 주시옵소서.
다른 사람을 율법으로 판단하고 정죄하며 심판자 자리에서 교만하게 살아온 저를 불쌍히 여겨 주시옵소서.
하나님의 자비로 심판을 늦춰 주셨지만 시간을 지혜롭게 쓰지 못한 것을 용서하여 주시옵소서.

회개의 기도가 생명의 구원이 되기를 원합니다.

과거의 후회로 내 마음을 낙심하게 만들었고
자족하지 못하며 불평한 죄를 용서해 주시옵소서.
내 육이 여전히 살아 있어 죄에 반응하고 육의
소욕대로 살아왔습니다.
죄에 내어주면 내 영은 소리 없이 죽어가는 것을
알게 하여 주시옵소서.
육체의 소욕은 성령을 거스르고 성령은 육체를
거스릅니다.
내가 하고자 하는 죄를 막아 주시는 분은 오직 내
안에 계신 성령님이십니다. 아멘! 아멘! 아멘!
죄를 지어 성령님을 근심하게 만든 저를 긍휼히
여겨 주시옵소서.

작은 죄와 타협하며 스스로 속이고 안일하게
살아온 육적인 죄를 용서해 주시옵소서.
내가 원했던 성공과 돈과 욕심이 내 목에 연자
맷돌이 되어 사랑하며 살지 못했습니다.
예수님의 보혈로 긍휼히 여겨 주시옵소서.

내가 잘하는 것을 이용하여 스스로 높이고 자고한 죄를 지었습니다.
양심을 속이고 이 세상의 법을 어기며 살았습니다.
죄와 타협하여 양심에 화인 맞아 스스로 속인 죄를 용서해 주시옵소서.

환경에서 오는 마음의 고통과 육신의 질병과 가정의 고통을 용서해 주시옵소서.
죄의 열매와 죄의 결과를 보혈로 씻어 주시고 죄의 쓴 뿌리를 성령의 불로 남김없이 태워 주시옵소서.

살아가는 동안 눈에 보이는 것을 더 믿고 하나님께 기도하지 않고 믿음 없이 좌우로 치우치며 살아온 죄를 용서해 주시옵소서.
모든 죄를 버리고 성령의 사람, 기도의 사람이 되게 하여 주시옵소서.
영의 사람이 되어 서로 사랑하며 이웃과 일치된 삶의 결합으로 살게 하여 주시옵소서.

하늘의 법과 말씀이 기준이 되는 삶을 주시옵소서.
죄의 길을 없애 주시고 나의 갈 길을 밝히 보여 주시옵소서.
생각과 마음을 속이고 교만한 눈과 거짓된 혀를 용서해 주시옵소서.
성령의 기름을 사역의 영에게 속아 죄 가운데 빼앗기며 살아왔습니다.
슬기로운 처녀가 되어 성령의 기름을 지키고 유지하여 절대로 등불이 꺼지지 않게 하겠습니다.
악한 생각과 마음에서 생기는 모든 죄를 십자가의 피로 용서해 주시옵소서.
죄를 품어 세마포를 더럽힌 죄와 복음을 전하지 않은 죄를 용서해 주시옵소서.
습관적인 근심과 생활의 염려로 마귀에게 밥을 준 죄를 용서해 주시옵소서.
세상의 유행과 문화를 따라 영을 생각하지 않고 죄짓고 시간낭비 했습니다.

심판대 앞에서 책망받게 될 무익한 말과 무익한 생각과 마음을 용서해 주시옵소서.
몸의 정욕에 따라 행한 죄를 보혈로 씻어 주시옵소서.
내 어두운 심령에 "빛이 있으라" 말씀하여 주시옵소서.
거듭난 내 영혼에 빛을 뿌려 주시고 정직한 기도에 기쁨을 뿌려 주시옵소서.

안식일을 온전히 거룩하게 지키지 못하고 마음 없이 예배만 형식적으로 드리고 세상놀이와 쾌락을 추구하며 살아왔습니다.
나를 사랑하고 돈을 사랑하며 감사하지 않고 살아온 죄를 보혈로 용서해 주시옵소서.
배신하고 조급하며 자만하고 사납게 말하고 행동한 죄를 용서해 주시옵소서.
내가 잘하는 것을 자랑하여 남에게 좌절을 안겨주었습니다.

모함하고 절제하지 못하고 선한 것을 좋아하지 않았습니다.
세상과 구별되지 못하고 거룩하지 못하고 원통함을 먼저 풀지 않고 살아왔습니다.
쾌락 사랑하기를 하나님 사랑하는 것보다 더하고 살아온 죄를 지었습니다.
경건의 모양은 있으나 경건의 능력을 부인하는 자가 저였습니다.
예수님을 죄로 채찍질하며 넘겨준 쳐 죽일 자가 저였습니다.
자기의 정욕에 따라 행하며 죄의 열매들을 방치한 죄를 용서해 주시옵소서.

마음이 높아지고 뜻이 완악하여 교만한 눈으로 행한 죄가 있습니다.
교만하면 주님이 주실 나의 영광도 빼앗기는 것을 알게 하여 주시옵소서.

나의 존영이 죄로 인해 잃어버리지 않게 하여 주시고 나의 거룩한 위엄이 악한 자에게 빼앗기지 않기를 원합니다.
하늘의 위엄과 천국의 품격이 아름다운 영예가 되기를 원합니다.
죄는 버리고 버려서 하늘의 것을 더 받아 누리기를 간구합니다.
죄를 버릴 때 고침을 받을까 두려움을 주는 악한 영들아 예수님의 이름으로 명하노니 무저갱으로 떠나갈지어다.

내가 고침 받으면 너희 악한 영들은 떠나가야 하므로 두려워하는 마음을 주는 것을 알고 있다.
나는 예수님의 이름으로 죄를 이기고 다스리고 다 버려서 하나님의 의를 이룰 것이다.
습관적인 죄를 전부 버리고 하나님이 주시는 영원한 것을 취할 것이다. 예수님의 권세가 나의 권세임을 믿습니다.

내 죄의 짐으로 주님을 수고롭게 했습니다.
내 죄악으로 주님을 괴롭게 만들었습니다.
사람 앞에 보이려고 꾸며 놓은 위선을 용서해 주시옵소서.
긴 시간을 마당만 밟고 살아온 어리석은 죄인의 자백을 받아 주시옵소서.
할 수만 있다면 택하신 자들도 미혹하는 말세에 더욱 깨어 기도하기를 원합니다.
내가 듣기 싫고, 읽기 싫은 말씀은 버려두고 내 방식대로 만들어 놓은 하나님을 우상숭배하며 살아온 죄를 용서하여 주시옵소서.

주님이 주신 십자가의 고난을 순종하지 않고 내가 하는 일에 마음을 빼앗겨 하나님과의 동행을 잊은 채 내 생각대로 주인되어 살아왔습니다.
하나님 앞에 계산적인 믿음, 계산적인 사랑, 계산적인 순종을 보혈로 용서해 주시옵소서.
죄의 문 앞에서 서성이고 사람의 정에 따라

감정적인 믿음을 가진 죄를 용서해 주시옵소서.
내 몸을 악에게 내어주고 하나님의 선을 외면한
죄를 지었습니다.
하나님, 내 안에 성령의 빛을 비추어 천국의
영광을 소망하며 살게 하여 주시옵소서.

성령께서 회개하는 자에게 긍휼을 베푸시고
능력을 주실 것을 믿습니다.
마음을 놓고 살아가는 것이 죄의 시작임을 알게
하여 주시옵소서.
외로움과 슬픔의 문을 열어놓고 과거의 상처를
버리지 못한 죄를
예수님의 피보혈로 용서해 주시옵소서.

세상의 인정과 성공을 생각하며 하나님의 말씀과
하나님의 일을 저버린 죄를 용서해 주시옵소서.
죄를 더욱 엄격하게 다스리기를 원합니다.

내가 인정받고 좋아하는 사람과 함께하며 위선된 섬김을 하고 복음을 핑계 삼아 세상 놀이에 죄를 합리화한 어리석음을 용서해 주시옵소서.
다른 사람의 허물을 보지 않고 나를 들여다보는 은혜를 주시옵소서.
앞으로는 주와 합하는 사람이 되겠습니다.
책망할 것이 없는 자로 끝까지 견고하게 완주할 수 있도록 도와주시옵소서.
가장 낮은 곳에서 가장 빛나는 겸손과 사랑으로 살기를 원합니다.
낮아지고 낮아지고 내려가고 내려가게 하여 주시옵소서.
사람들에게 가르치는 것처럼 그대로 살지 않은 위선을 예수님의 보혈로 용서해 주시옵소서.
주님이 맡겨 주신 작은 일에 충성을 다하지 못한 죄를 용서해 주시옵소서.
말씀대로 사는 것을 진리로 가르쳐서 말씀과 성령으로 살기를 원합니다.

하나님의 높은 소명으로부터 거룩한 직분을 얻게
하여 주시옵소서.
부활하신 예수님이 내 마음에 임하여 주시옵소서.
예수님의 피뿌림이 사랑이 되어 내 마음에
뿌려지게 하여 주시옵소서.
예수님의 보혈을 믿음으로 마십니다.
보혈이 사랑이 되게 하여 주시옵소서.
보혈이 인내가 되게 하여 주시옵소서.
보혈이 절제가 되게 하여 주시옵소서.
보혈이 기쁨이 되게 하여 주시옵소서.

말씀이 양선이 되게 하여 주시옵소서.
말씀이 온유가 되게 하여 주시옵소서.
사랑하는 예수님의 심령이 되기를 원합니다.
사랑하는 예수님의 발걸음이 되기를 원합니다.
사랑하여 보는 눈과 사랑하여 듣는 귀가 되기를
원합니다.

작은 고난을 마치 큰 것인양 말로 과장하여
사람들의 위로를 사려 했고 그 속에서 나를 높이는
자기의와 교만을 용서해 주시옵소서.
올바르지 않은 것을 방치하고 나를 돌보지 않고
타인을 돌보지 않았습니다.

하나님 저는 무자비하고 잔인하며 사악한 자입니다.
지옥의 극형을 받아 마땅한 저를 구원해 주셔서
감사합니다.
저는 내가 원수라고 말한 그들보다 훨씬 중한
죄인입니다.
너무나 보잘것 없는 저를 용서해 주시옵소서.

악한 원수보다 못한 저를 용서해 주시고 원수보다
더 타락한 저를 구원해 주셨사오니 이제부터는
계명을 지키며 살겠습니다.
모든 죄를 예수님의 보혈로 용서받고 죄를 과감히
버리겠습니다.

순종하는 듯하였지만 순종하지 못했습니다.
기도하는 듯하였지만 기도하지 못했습니다.
겸손하는 듯하였지만 겸손하지 못했습니다.
자족한 듯 살았지만 자족하지 못했습니다.
정직한 듯 살았지만 정직하지 못했습니다.
거룩한 듯 살았지만 거룩하지 못했습니다.
스스로 착각하여 된 줄로 알고 속이며 살아온 죄를 용서해 주시옵소서.

작은 죄를 타협하며 살아온 죄를 예수님의 십자가 보혈로 용서하여 주시옵소서.
하나님 아버지, 내가 내 입으로 말실수를 하여 내 영혼을 학대한 죄도 지었습니다.

보는 것을 잘못 보고 듣는 것을 잘못 들었습니다.
올바르지 않은 생각과 행동을 보혈로 깨끗이 씻어 주시옵소서.

하나님, 나의 모든 죄를 가져가시고 하나님의 은혜로 채워 주시옵소서.
하나님, 나의 모든 악을 가져가시고 하나님의 의로 바꾸어 주시옵소서.
내가 죄를 지을 때마다 마귀에게 밥을 주어 넘어진 죄에서 또 넘어지는 죄를 지었습니다.
스스로 긍지를 가지고 교만한 마음을 키워왔습니다.
죄악된 욕망을 품고 그 죄를 키워서 혈기 부린 죄를 용서해 주시옵소서.
혈기대로 생각하고 감정대로 말하고 혈기 부려 행동한 죄를 용서해 주시옵소서.
죄를 지을 때마다 그 자리에서 바로 바로 회개하게 도와주시옵소서.

교만하고 거짓되고 음란하며 위선된 모든 죄의 흔적을 보혈로 깨끗하게 지워 주시옵소서.
하나님께서는 나의 죄를 기억하지 않으실 능력이

있음을 믿습니다.
성령의 불이 회개의 불세례가 되게 하여
주시옵소서.

상처 속에 숨어있는 나의 의와 외로움을 보혈로
용서해 주시옵소서.
죄악된 소리를 듣게 내어주어 내 심령을 상하게
만든 죄를 용서해 주시옵소서.
답답한 마음속에 숨어있는 내 교만한 죄를 알게
되었습니다.
답답한 것도 내가 교만하여 생기는 죄였음을
고백합니다.
예수님의 십자가 보혈로 용서해 주시옵소서.

겉으로 사랑하는 듯한 모습 속에 숨겨진 나의
위선을 용서해 주시옵소서.
하나님 아버지, 남에게 상처받으면서 내 안에
들어온 죄가 있습니다.

내가 상처받아서 억울하다고 하기 전에 나도 다른 사람에게 상처를 주고 남의 마음을 죽이며 살아온 죄를 먼저 용서해 주시옵소서.
지금 와서 보니 내가 받은 그 상처가 남을 아프게 한 또 다른 상처가 되었습니다.
내 자신이 상처의 문을 열어놓아 생기게 된 어리석은 행동이었음을 자백합니다.
주님, 내가 과거에 받은 이 상처 속에 남아 있는 잠재적인 죄까지도 예수님의 십자가 보혈로 깨끗이 씻어 주시옵소서.

하나님 아버지, 교회 일을 하면서 인정받고 싶어 했던 숨겨진 자기 의를 예수님의 보혈로 용서해 주시옵소서.
주의 이름으로 한다고 하였으나 속으로는 인정받기를 원했고 주를 위한다고 하였으나 내 이름과 유익을 위해서 했습니다.
하나님의 열심 속에 내 열심을 교묘하게 섞어

속이며 살아온 죄를 보혈의 피로 용서해
주시옵소서.
거짓 자아에 속아서 스스로 죄의 무덤을 만들고
죄의 덫에 걸리게 만든 어리석은 저를 불쌍히 여겨
주시옵소서.
하나님의 일을 해 놓고도 사람들의 말과 반응을
살피면서 사람따라 생각하고 행동했습니다.
하나님, 사람따라 반응하지 않고 말씀따라
반응하게 하여 주시옵소서.
사업과 일이 잘되어 웃고 살면서 안일한 마음으로
행동하고 살아왔습니다.
하나님 내 육신의 안정으로 지옥길에 들어서지
않기를 원합니다.
모든 사람에게 칭찬받으려고 한 죄를 용서해
주시옵소서.

넓은 길 끝에 넓은 문이 있다는 것을 기억하고
살겠습니다.

복음과 거꾸로 가는 길은 좁은길이 아니요,
생명길도 아닙니다.
내 마음에 희생과 사랑이 없는 길은 넓은 길이요,
지옥길입니다.
자기만족으로 살아온 죄를 용서해 주시옵소서.
이제부터는 내 중심이 아닌 예수님 중심으로
살겠습니다.
하나님 중심, 예수님 중심, 말씀 중심, 성령의
뜻대로 살기를 원합니다.
내 심령의 중심에 성령의 불기둥을 세워
주시옵소서.
내 생각의 중심이 여호와의 불기둥이 되게 하여
주시옵소서.
내 삶의 중심이 말씀이 되기를 간구합니다.
사람들의 눈치를 보며 살아온 거짓된 삶을 용서해
주시옵소서.
사람 눈치 살피며 회칠한 무덤으로 살아온 죄를
용서해 주시옵소서.

내 들보는 보지 못하고 경솔하게 남을 충고하고
가르치며 살아 온 죄를 용서해 주시옵소서.
회개의 불이 임하여 내 심령에 십자가의 대로를
크고 넓게 뚫어 주시옵소서.
내 마음에 거짓이 있는데도 좋게 말하는 위선과
사랑이 없는데도 진실된 것처럼 행동한 죄를
지었습니다.

마귀의 유혹을 덥석 입에 물고 죄의 종노릇하며
주님의 이름을 무참히도 짓밟고 더럽히며
살아왔습니다.
지금까지 마귀가 주는 칭찬의 대접을 다 받아
누리고 나도 모르는 중에 교만의 면류관을 쓰고
다닌 어리석은 죄를 지었습니다.

사람들이 주는 대접을 이유 없이 다 받아먹고
살다가 양심에 화인 맞아서 죄로 인식조차 못한
죄를 용서해 주시옵소서.

기도하는 것이 자랑이 된 것도 용서해 주시옵소서.
기도 많이 한 것을 누가 좀 알아줬으면 하는
생각을 용서해 주시옵소서.
내 허물을 깨닫게 도와주시고 나를 숨은 허물에서
벗어나게 하여 주시옵소서.
선행하는 나 좀 알아줬으면 하는 자기의를 용서해
주시옵소서.

기도하는 자기의, 헌금하는 자기의를 용서해
주시옵소서.
직분자가 가진 자기의, 설교하는 자기의, 복음
전하는 자기의를 용서해 주시옵소서.
사람들의 말과 행동을 의식하며 살아왔습니다.
상황따라, 환경따라, 기분따라, 감정따라 지은 죄를
용서해 주시옵소서.
실망과 좌절과 낙심 가운데 지은 죄를 용서해
주시옵소서.
예전에 누렸던 사람들도 다 죽었고 과거에 가졌던

사람들도 다 죽어 없어졌건만 저는 세상이 주는 대로 더 누려 보려고 했고 더 움켜쥐고 가져 보려고 한 어리석은 죄인입니다.
속는 것도 죄였고 타협하는 것도 죄였습니다.
생각과 마음으로 남 모르게 짓는 것도 다 죄였음을 인정합니다.
모든 것이 죄뿐인 내 삶을 예수님의 보혈이 살려주셨습니다.
내가 편한대로 생각하고 말하며 내 중심적인 삶을 살아왔습니다.
안일함 속에서 작은 죄를 경시한 것을 고백합니다.
작은 죄를 멈추지 않으면 그 죄가 쌓여 내 영을 죽게 만듭니다.

“이 정도면 괜찮겠지”라고 생각한 안일한 죄악을 용서해 주시옵소서.
내 연민에 빠져 나만 불쌍한 사람으로 합리화한 죄를 용서해 주시옵소서.

예수님을 믿는다고 말하면서도 내 유익대로 살고
십자가를 이용하여 또 죄를 짓고 내 몸을 죄의
종이 되게 살아 온 죄를 용서해 주시옵소서.
마귀가 악한 생각을 집어넣어 줄 때마다 그 악을
붙잡고 행동한 죄를 지었습니다.
내 마음에 좋은 대로 살아왔고 내 생각에 옳은
대로 살아 온 것을 회개합니다.
주의 종에게 고의로 죄를 지어 판단하고
험담했습니다.
주의 기름부음 받은 자를 비방했던 죄를 용서해
주시옵소서.
죄가 나를 주장하지 못하게 하여 주시옵소서.

케이크에 촛불 켜 놓고 소원을 빌었고 새해 첫날
태양이 떠오르는 것을 보며 소원을 빌었습니다.
까치가 울면 손님이 올 거라는 기복신앙도
있었습니다.
잘못된 것에 미련한 생각으로 우상숭배 한 죄를

용서해 주시옵소서.
타로점과 운세를 따져 보고 제사지낸 것과 무당을 찾아가서 점친 죄를 용서해 주시옵소서.
죄를 지어 놓고도 잊어 먹은 죄, 죄가 아니라고 생각한 죄, 죄인지도 모른 채 지은 죄를 보혈로 용서해 주시옵소서.

나의 죄 때문에 예수님이 가시관을 쓰시고 피 흘리며 계신 것을 생각하며 회개의 합당한 열매를 맺고 살기를 원합니다.
상대방의 말 한마디에 기분 나쁜 것을 느낀다면 아직도 내 자아가 죽지 않아 교만한 죄성을 가지고 있는 증거가 됩니다.
그리스도 우리 주 예수님 안에서 날마다 죽게 하여 주시옵소서.
날마다 내 자아를 부인하기 위하여 수시로 기도하고 항상 쉬지 않고 기도하겠습니다.
흘러가는 시간을 성령으로 붙잡기를 원합니다.

흘러가는 시간을 말씀으로 붙잡기를 원합니다.
주님 오실 날을 기다리고 준비하며 세월을 아끼겠습니다.
하늘의 것으로 채워 주시옵소서.
하나님의 영이 내 위에 임하게 하여 주시고 하나님의 영광이 내 영을 덮어 주시옵소서.
예수님의 이름을 위해 당하는 모든 외로움은 최고의 축복임을 믿고 살겠습니다.
하나님보다 앞서지도 않고 뒤쳐지지도 않는 온전한 동행이 되게 하여 주시옵소서.
오늘도 입술의 파수꾼을 세워 주셔서 말로써 죄짓지 않게 도와주시옵소서.
생각의 문과 마음의 문을 예수님의 이름으로 굳게 지키기를 원합니다.
말의 훈련으로 입술을 연단하겠사오니 입술의 권세를 주시옵소서.
생각의 훈련을 하여 생각의 권세를 받기를 원합니다.

마음의 연단으로 거룩한 심령을 이루어
주시옵소서.
양심의 훈련으로 더욱 깨끗한 심령으로
거듭나기를 간구합니다.
보고 듣고 말하고 생각하는 모든 것에 죄가 되지
않도록 연단하고 훈련하겠습니다.
내가 고백하지 못한 모든 죄까지도 용서해 주실
것을 믿고
예수님의 이름으로 보혈을 의지하여 간절히
간절히 기도합니다.
(아멘. 아멘. 아멘.)

무릇 내가 사랑하는 자를 책망하여 징계하노니
그러므로 네가 열심을 내라 회개하라 _계3:19

읽는 기도 1

초판 1쇄 발행 2024년 10월 16일
초판 2쇄 인쇄 2024년 11월 28일

지은이 무명의 기도자
펴낸이 황성연
펴낸곳 도서출판 더하트
출판등록 제 2024-000016호
주문처 하늘유통
주소 경기도 파주시 광탄면 혜음로883번길 39-32
전화 031-947-7777
팩스 0505-365-0691
홈페이지 www.jesus-jesus.com
ISBN 979-11-941771-04 04230
Copyright © 2024, 더하트 출판사

잘못 만들어진 책은 구입하신 서점에서 바꿔 드립니다.
정가는 뒤표지에 있습니다.